AF422052

EL EXTRAÑO MUNDO
DE JONUEL BRIGUE

COLECCIÓN TRIANDÁFILA

COLECCIÓN TRIANDÁFILA

BERNARDO ENRIQUE FLORES ORTEGA

Profesor Titular de la Universidad de Los Andes en San Cristóbal, Venezuela. Filólogo clásico y lingüista, ha sido un estudioso del mito, de la astrología y de otras formas simbólicas de la Tradición ancestral por más de 35 años. Libros publicados: *La adquisición del modo subjuntivo* (1993), *La alimentación en el Táchira. Su expresión en el habla culta de San Cristóbal* (1997), *Dos discursos para la universidad* (1998), *La vigencia de los dioses* (1999), *El símbolo y sus máscaras* (1999), *Esa llanura temblorosa ... una travesía por el mar interior de J. M. Briceño Guerrero* (1999), *Siete noches en la vida de Borges* (2001), *Tras la huella del mito* (2002, 2003), *Las claves del destino. Manual de astrología práctica* (2004, 2016), *Comunicación, integración y cultura en América Latina* Comp. (2005), *Morir en Benares* (2007, 2008, 2019) y *Mitos y símbolos en la plástica, la literatura y los medios audiovisuales* (2010).

Bernardo Enrique Flores Ortega

El extraño mundo de Jonuel Brigue

La Castalia

EL EXTRAÑO MUNDO DE JONUEL BRIGUE
© Bernardo Enrique Flores Ortega
1ª edición, La Castalia–Digital, 2020
Colección Triandáfila

© DE ESTA EDICIÓN
© Bernardo Enrique Flores Ortega

IMAGEN DE PORTADA
Leo Arellano. Óleo sobre tela. 60 x 40 cm
Técnica mixta
Mérida, Venezuela

PINTURAS INTERNAS
© Alonso Galué y Jean Pierre Clarac

FOTOGRAFÍAS INTERNAS
© Archivos de: Familia Briceño Guerrero, Fustec Briceño.
© La Castalia, © Nellyana Salas, © Gerard Uzcátegui, © Robert Gavidia
© Meline Uzcátegui, © José Ignacio Vielma, © Daniel Mordzinski,
© Juan Carlos Gavidia y © María Eva Silva.

La Castalia

COLECCIÓN TRIANDÁFILA

COLECCIÓN AL CUIDADO DE
José Gregorio Vásquez C.

EDICIÓN DIGITAL E IMPRESA
Mérida, Venezuela, 2021

HECHO EL DEPÓSITO DE LEY
Depósito Legal: ME2021000036
ISBN: 978–980–7123–51–8

Ediciones La Castalia
Centro Editorial La Castalia
Mérida, Venezuela
lacastalia@gmail.com

Reservados todos los derechos

Para mi adorada hija Yehida Raquel
(1978–2014), con mi amor imperecedero

A la memoria de Ioseph Immanuel
Un faro de luz en mitad de la noche

Con profundo agradecimiento
para Salvatore Carbone,
José Gregorio Vásquez
y Fhernando Enrique García
por su invalorable apoyo.

Presentación

Los hombres
han sido puestos sobre la tierra
para que recobren la memoria.

Jonuel Brigue

No crea el lector que tiene en sus manos un libro de ficción. Hablar de los hombres cuando los envuelve el misterio no es tarea fácil. Sobre todo cuando llevan unas vidas públicas muy conocidas, y muy "normales" a los ojos de todos, pero se privan de mostrar su verdadero rostro por aquella prudencia antigua que caracterizó siempre a los hombres sabios.

Late biosas recomendaba Epicuro a los hombres más instruidos en las ciencias del espíritu: ocúltate al vivir, o vive calladamente –les decía–.

Cuando conocí a Jonuel Brigue yo recién salía de la adolescencia, y aún no sabía con claridad qué hacer con mi vida. Mis talentos todavía no salían de un largo sueño. El profesor de las cátedras de mitología, de filosofía y de lenguas antiguas rápidamente se nos reveló como un maestro de sabiduría.

Recuerdo vívidamente el día que fuimos a decirle que necesitábamos un maestro. Un destello tenue pero muy poderoso –como el relámpago del Catatumbo– iluminó los ojos obscuros del Viejo. Y en ese momento entendimos que José Manuel Briceño Guerrero, el conocido catedrático universitario, era también Jonuel Brigue, el escrutador de los mundos posibles.

Pero más tarde descubrí que su verdadero nombre era Ioseph Immanuel. Lo supe cuando nos trazó una extraña ruta en nuestras vidas: recorrer el perdedizo laberinto de Chartres con sus siete pétalos centrales y terminar la senda hasta Santiago de Compostela donde el Apóstol resguarda un meteorito sagrado llamado Cristo. También lo supe en las sagradas lagunas de las montañas andinas en donde el Viejo nos acercó a su secreto habitante. No me quedó ninguna duda cuando señaló que la ruta pasaba por el vórtice masculino de la Tierra en Lahsa, la capital del Tíbet, y por el femenino en la Isla del Sol, en el corazón del Titicaca.

Cuando emprendimos nuestra ruta, cada uno aceptó gustoso la tutela del maestro, y yo, muy en mi fuero interior, sentí que valía la pena.

Pongo, pues, en tus manos, amigo lector, esta historia de vida, con el único compromiso de hacer honor a la verdad y de rendir un homenaje póstumo a uno de esos pocos hombres que han sabido despertar y cuyo ejemplo alumbró el camino de quienes estuvimos cerca. Espero te sea útil.

SEMBLANZAS DE UN VENERABLE MAESTRO

Estaban por comenzar las clases y yo todavía no estaba inscrito. ¡Ni siquiera tenía un cupo! En esos años, iniciando la década de los 70's, era necesario haber hecho una preinscripción nacional y, después de ser admitido, se debía realizar una inscripción definitiva para ingresar a la universidad. Pero yo no había cumplido con nada de eso y así me vine desde Caracas, buscando mi destino en Mérida, la hermosa ciudad de los estudiantes, acostada en su altiplanicie, como una odalisca frente a la imponente cordillera nevada de Los Andes. Años después, cuando fui por primera vez al Tíbet, la encontré de cierta manera parecida a Lhasa, la capital del "Techo del Mundo".

Quería estudiar Letras porque sentía afinidad por los idiomas; y me decidí por las letras clásicas, llevado por el seductor encanto que me produjo desde niño una bella edición de *La Ilíada* y *La Odisea* ilustradas que me regaló mi padre cuando yo tendría unos 9 años. En ese entonces no tenía yo ni remota idea de cómo tejerían las Parcas los hilos de mi vida, ni de que esta decisión me llevaría a conocer a mi maestro y a mi compañera de vida, y también a descubrir —como me fue revelado en las ruinas del antiguo oráculo de Delfos— mi ciudadanía griega en alguna existencia anterior.

Los estudiantes de nuevo ingreso se dirigían hacia sus salones de clases. Yo, en cambio me encaminaba a suplicar un cupo a cualquier autoridad con la que pudiera conversar.

Pasaron quince días y yo todavía no tenía una inscripción. Había hablado con jefes de área, con jefes de departamentos, con directores de escuela, con el Decano, y no había logrado nada. Cuando ya pensaba en la posibilidad de regresarme a la capital apareció la solución: alguien me sugirió hablar con la encargada del Ciclo Básico, una señora de apellido Betancourt, la doctora Evilexis Betancourt.

—¡Vaya y pague en la Caja 50 bolívares y me trae el recibo!— Dijo con firmeza, apenas oyó mi petición.

No podía creer la facilidad con la que esta dama me estaba realizando la inscripción para comenzar mis estudios. El recuerdo de su gesto generoso y mi agradecimiento permanecieron en mi mente largos años, hasta un día en que visitaba yo a mi maestro. Me acababa de mostrar la primera flor de su pequeño árbol de magnolia —el Viejo amaba las magnolias— y estábamos ahora en la sala de su casa conversando. Comencé a relatarle sobre un libro que narraba las vidas del Conde Saint Germain y que había estado leyendo por esos días. Yo deseaba escuchar su opinión. Pero antes de que él abriera la boca, sentí la presencia de una entidad elevadísima, invisible a mis ojos físicos. Estaba parada justo en medio de nosotros dos. Tanto el Viejo como yo permanecimos en el más absoluto silencio, quizás por unos veinte largos minutos, hasta que la entidad se retiró.

–¿Viste lo que ocurrió cuando pronunciaste ese nombre? Yo asentí con la cabeza.

–¿Era él, verdad?–. Pregunté.

Pero el maestro no me respondió, porque justo en ese momento tocaban a la puerta y él se encaminó a abrir. Cuando regresó, venía acompañado de una mujer elegantísima cuyo rostro yo recordaba muy bien.

–Enrique, ¿tú conoces a mi sobrina Evilexis Betancourt?

No podía creer que esa señora tan amable, por cuya gentileza había logrado yo un cupo de estudiante unos años atrás, fuese parienta de mi maestro. Era como si hubiesen urdido un plan secreto para que se cumplieran los hilos del destino. La misma Evilexis me contó, unos años después, que su papá, de joven, pretendía a Aurora, la madre del Viejo, enamorado de sus hermosos ojos azules. ¡Qué coincidencia, Aurora también era el segundo nombre de mi madre! Además supe que expresiones como "sobrina" o "parienta" pueden usarse entre personas nacidas en los llanos venezolanos cuando las unen estrechos lazos de amistad –el Viejo decía que había nacido en Palmarito, estado Apure, aunque su verdadero origen no lo conocía nadie. En todo caso, me parecía un asunto misterioso, como cuando los actores ensayan una obra: "tú primero di tal cosa y luego aparezco yo en escena". Mis sincronicidades con él pudieran parecer asombrosas, por los nombres y por los sucesos: su hermano, mayor por dos años, murió cuando él era apenas un bebé y se llamaba Miguel. El mío también, se llamaba Miguel Enrique, Su hermana mayor murió antes que él y se llamaba Aurora Elena. La mía también, se llamaba María Elena. Él vivió la dolorosa experiencia de perder un hijo: Ricardo. Yo también: Yehida Raquel.

Más tarde, fui descubriendo que con mi maestro ocurrían muchas cosas misteriosas, cuyo velo todavía no he podido descorrer del todo.

La magia del verbo

El Viejo era impecable al menos en dos cosas: en su elevadísimo nivel de erudición y en la seductora magia que ejercía a través del verbo. Tenía dominio de unos 14 idiomas, entre los que se contaban: el latín y el griego clásicos, el hebreo, algunas lenguas modernas como el inglés, francés, alemán, ruso, portugués, italiano, y tenía conocimientos de chino mandarín, árabe, sánscrito, escritura cuneiforme y jeroglíficos egipcios. En sus últimos años había dedicado un gran empeño en perfeccionar el mandarín, y hasta permaneció largos meses en Beijín traduciendo al poeta chino Chiti Matya, esfuerzo que concluyó con la edición del exquisito poemario *Tiempo,* editado en 2008, y en cuyo prefacio expresó:

> … en Latinoamérica y quizás en todo el mundo occidental se espera de un poeta que cante el cuerpo de la mujer amada, celebre los placeres y lamente los dolores del amor, al mismo tiempo que haga sentir la presencia solemne de la muerte, y recurra a la amistad del vino, sublime aliado inmortal de los mortales. Pero descubrí que todos esos temas están cubiertos en su poesía y me impresionó especialmente el poema dedicado "A una muchacha de Butuo"; me hizo recordar "El cantar

de los cantares" que es de Salomón, también a Anacreonte, a Catulo, a los trovadores y a los monjes libertinos de la Edad Media francesa, a Ronsard, a Pablo Neruda…

Y concluye elogiando a Chiti Matya:

Mientras tanto, de muy lejos ha llegado muy cerca, tan cerca que podría llamar a Chiti Matya un poeta latinoamericano o mejor dicho de la humanidad toda, porque hay una lengua sagrada del alma que no encuentra expresión en ninguna lengua histórica. *Tiempo*, pp, 8–10.

Él tenía una memoria prodigiosa. En una ocasión en que dictaba una conferencia a un grupo de docentes en Mérida, me fijé que dedicó largo rato a citar de memoria textos de narradores y poetas griegos y romanos en sus respectivas lenguas antiguas. Pero en el momento en que recitaba, en griego, ese hermoso poema de Safo, que dice:

Tú viniste, yo
te deseaba ardientemente
y tú aliviaste mi alma
que estaba ardiendo
de anhelo.

Interrumpió su discurso uno de los docentes y le habló de esta manera:

–Un momento, camarada, disculpe que lo interrumpa. Usted lleva rato hablándonos de escritores y poetas de lenguas muertas, que además pertenecieron y siguieron las directrices manipuladoras de execrables imperios, como lo fueron el imperio cretense y el imperio romano, entre otros. Veo con desconfianza que usted ni siquiera se ha leído a nuestros escritores latinoamericanos revolucionarios, como el gran José Martí o Pablo Neruda. Y dudo mucho que conozca a nuestros escritores venezolanos.

En ese momento caí en cuenta del tipo de público que estaba allí presente escuchando al maestro.

El coronel destapó el tarro del café y comprobó que no había más que una cucharadita. Retiró la olla del fogón, vertió la mitad del agua en el piso de tierra, y con un cuchillo raspó el interior del tarro sobre la olla hasta cuando se desprendieron las últimas raspaduras del polvo de café revueltas con óxido de lata.

Respondió el maestro al hombre que lo increpaba, recitando de memoria el comienzo de *El Coronel no tiene quien le escriba*, de García Márquez. En seguida continuó:

¿Quién eres, tú sonoro al fondo de mí mismo? ¿Cómo te llamas, horizonte presentido, oscuridad ansiada, ápice del fin, paisaje último donde el gozo no puede saber sino a agonía, olor álgido de un páramo donde la nada hace vomitar y el ser marea, rayo de muerte que sin embargo incendia todavía. ¿Quién eres?

Ahora declamaba el inicio de *El Dios de la Intemperie*, de Armando Rojas Guardia.

Sin darle tregua al camarada inquisidor, comenzó a recitar *Mi padre el inmigrante,* de Vicente Gerbasi:

Venimos de la noche y hacia la noche vamos. Atrás queda la tierra envuelta en sus vapores, donde vive el almendro, el niño y el leopardo. Atrás quedan los días, con lagos, nieves, renos, con volcanes adustos, con selvas hechizadas, donde moran las sombras azules del espanto…

Noté que el camarada sacaba disimuladamente un pañuelo rojo y, sin que nadie lo observara, secó rapidito algunas gotas de sudor que rodaban por su frente.

Así era la elocuencia del maestro. Podía sostener una conversación amena con cualquier académico del mundo, al igual que lo hacía con la gente más sencilla. Eso sí, nunca hablaba mal de nadie, ni decía groserías. Su hermana Aurorita sí que decía, y bastantes. Cuando la conocí, era ya mayor. Tendría, quizás, un poco más de 70 años, y se pasaba unos días de visita en casa del maestro. En lo que ella se apartó para ir a la cocina a preparar café, el Viejo se me acercó:

—Enrique, Aurorita me dijo al oído que tú parecías "buen polvo". Ella siempre ha sido así. Al esposo, hace tiempo, le dio un ACV y se le paralizó medio cuerpo. Entonces me contó que el marido tenía medio machete despierto y el otro medio dormido—. Se rió con picardía. —Ahora, lo de "buen polvo" quizás viene de que tú posees los dos *appeales*.

Yo no comprendí y le pedí que me explicara.

—Los norteamericanos dicen "appeal" para expresar esa virtud que se acumula en el alma de una persona y que se expresa como una belleza muy sutil, y se muestra como eso que llaman "tener don de gente"; tal vez como la Afrodita Urania de los griegos, que se siente como un contacto poderoso, más allá de lo humano, con la esencia del universo, más allá del acto carnal erótico. Pero también dicen "sex—appeal" cuando la belleza, o el atractivo, es netamente sexual; pudiera decirse como la Afrodita Pándemos de los antiguos. Yo tengo el primero, pero tú tienes los dos, ¿no te has dado cuenta?—. Dijo serenamente mientras aspiraba su pipa.

El Seminario de Mitología Clásica

Durante más de 50 años el Viejo impartió docencia en el Departamento de Filosofía. Los lunes en la mañana enseñaba poesía lírica, los martes filosofía política, y, por la noche, seminario de filosofía; los miércoles mitología clásica; los jueves reunía alumnos en su casa y les enseñaba griego, latín, alemán, hebreo…; los viernes en la noche daba un seminario abierto con lecturas diversas al que acudía muchísima gente; y los sábados en la mañana dictaba un seminario de pensamiento clásico. En verdad las clases de sus seminarios eran cátedras abiertas, y asistía una muy heterogénea diversidad de personas: médicos, científicos, arquitectos, gente de letras o de idiomas, artistas de variada gama: pintura, teatro, poesía, danza; o gente sencilla dedicada a labores del hogar, y alguno que otro practicante de ciencias ocultas. El Seminario de Mitología Clásica era uno de sus espacios preferidos y uno de los cursos que yo más amaba. Allí hacía gala de una pasmosa erudición que compartía con generosa entrega y un gran sentido del humor hacia quienes acudíamos a oírle. Los que deseaban consultarle algo o conversar con él, llegaban más temprano y él siempre estaba allí para atenderlos. Recuerdo algunos de los temas que alcancé a escucharle en sus clases. Dijo lo siguiente:

–Hay que suponer que hubo en la antigüedad una Ciencia completa que explicaba al Universo y al hombre. Esta ciencia no se expresó por las vías normales conocidas por los occidentales, sino que lo hizo a través de los mitos.

–Para uno comprender el mito hay que cambiar, conocer el tiempo interior de cuando se producen estas comprensiones. En el mito hay primero una familiarización con el cuento, sintiendo que hay otro nivel. Intuitivamente se siente que allí hay una gran sabiduría. Hasta que uno llegue a ver un dios dentro de uno. Nietzche escribió: "siento que un dios baila dentro de mí". Hay que reconocer por lo menos a un dios dentro de uno, para que el mito deje de ser mito.

–El mito tiene una sintaxis. El encuentro con un dios siempre produce una enorme conmoción. Hay dioses cuyo contacto es pavoroso: Ares, por ejemplo.

–Hay dioses que sólo pueden amar en la tiniebla: Semele, la madre de Dionisio, amante de Zeus, quiso verlo, y le pidió a Zeus que se dejara ver. El padre de los dioses se mostró como el rayo, en todo su esplendor. Ella murió carbonizada. El amor en la tiniebla también aparece en el mito de Eros y Psique.

Algo sobre Helena

El ambiente del seminario era muy cálido. El Viejo tenía su cubículo a un lado del salón donde dictaba sus clases. Todos solíamos llegar temprano y nos íbamos ubicando en el aula hasta que el maestro aparecía puntualmente a las diez, después de atender a quienes deseaban consultas personales. En seguida comenzaba su disertación y el grupo guardaba un silencio absoluto. Ese día habló sobre Helena:

–En la tradición griega, los titanes se comieron a Dionisio, el Salvador. Zeus fulminó a los titanes con el rayo, y de sus cenizas creó el género humano. Lo titánico en uno es lo bestial, y lo dionisíaco es lo divino. Pero en medio de estas dos partes hay una parte intermedia que puede mezclarse con una o con otra. En la meditación, cuando uno se queda quieto, se separan las dos partes, como en la emulsión. El centauro representa esas dos partes, mitad bestia, mitad dios, pero le falta el alma. Helena, la de la guerra de Troya, es ese "algo" en cada hombre que puede casarse con Menelao (ubicado arriba, la región del *Manas*), o con Paris (abajo, los órganos de la generación). Ella es ambigua. Helena es el alma del hombre. El significado secreto de la pirámide tiene que ver con esto: la cúspide es el alma. Los hijos de Dios (herederos de Adán, creados el octavo día) se casaron con las hijas de los hombres (creados el sexto día), nos dice el Génesis. De ahí que la humanidad tiene un doble origen: divino y bestial.

Sobre Dionisio y la música

El Viejo se extendió hablando aquella mañana sobre Dionisio, el misterioso dios del vino:

–El principio de la filosofía es el asombro ante lo ordinario, decían los griegos–, comenzó recordando.

–Las combinaciones de las notas musicales, por ejemplo, son algo asombroso, pero como estamos familiarizados, ya no les prestamos atención. Por eso vale la pena oír *El Arte de la Fuga*, de Juan Sebastián Bach. Allí hay que poner atención en el paso de una estructura musical a otra. Hay que llegar a un estado prístino de pureza, para percibir como si fuera la primera vez que escuchamos o vemos–. Y agregó:

–Los cánticos gregorianos son pentafónicos. Hay que escuchar música de otras culturas extrañas, música de polinesia, música de dos notas del África, etc.

En este punto de la clase, Leopoldo, que casi siempre asistía con unos traguitos encima, interrumpió el hilo de la exposición del Viejo con esa voz vacilante de un hombre cuando está bastante ebrio:

–Profesoooor…

Pero el Viejo, sin darse por aludido, continuó:

–Platón comprendió el poder enorme de la música. Si se quitara la música rocolera de las emisoras y se pusiera música de otras culturas extrañas, de otras estructuras, se sacudiría la sociedad, algunos se volverían locos. Hitler sacó del país a dos excelentes músicos.

Y añadió:

–El éxtasis se logra, en la tradición dionisíaca, con música. Y en las culturas africanas también con música. En los ritos dionisíacos se buscaba comprender la totalidad del universo a través del éxtasis, provocado por la música, una vez al año.

Volvió a interrumpir Leopoldo, sin percatarse de que todos volteaban a verlo, haciéndole un reclamo silencioso:

–Profesoooor… hip–… Pero el Viejo hizo caso omiso.

–Algunos hombres sienten conscientemente, y todos inconscientemente, la necesidad de romper con el Estado–. Continuó el maestro hablando. –Los griegos, después de haber logrado el éxtasis y el contacto con el dios, podían soportar tranquilamente las faenas del año. Dionisio muere en instituciones y en máscaras que los hombres asumen. Se trata de volver al caos inicial. Hesíodo dice en la Teogonía: "… En el principio era el caos y la tierra de ancho seno y el amor". En el culto dionisíaco estaba previsto que pudiera morirse todo el mundo. En cambio, Apolo es el dios del sueño. Con Apolo se pueden soñar los diferentes órdenes. Esto es así porque en el culto dionisíaco Apolo se metió al río pero no totalmente, sino medio cuerpo, por eso puede recordar. Apolo puede instruir sobre Dionisio. Toda la música occidental es apolínea. La música apolínea instruye sobre lo estatuido, pero habría la posibilidad de llegar a Dionisio a través de Apolo, o de la música apolínea, sin correr riesgos. En los ritos anuales en honor a Dionisio todo podía suceder:

castrarse unos a otros, quemar ciudades, etc. Las sociedades dionisíacas son como un círculo con un agujero en el centro, para entrar en contacto con el dios:

–Las sociedades no-dionisíacas no tienen otro recurso que desplazarse a los límites de la sociedad, pero hay el riesgo de formar nuevos órdenes, y nuevos órdenes, sin lograr nunca el éxtasis:

Cuando el Viejo se disponía a seguir el curso de sus ideas, en medio de aquel silencio respetuoso que todos manteníamos, se oyó de nuevo –ahora casi de manera estruendosa–, la voz grave de aquel tedioso borrachito:

–Profesoooor… ¡hip!…

Esta vez el Viejo le contestó de manera afable:

–Dime, Leopoldo.

–Yo quisiera saberrrr…, dado que usted es un hombre taaan cultooo… ¡hip!…, ¿qué son los trópicosss?

Todos lo queríamos matar. Particularmente pensé que lo mandaría a sacar de la clase. Pero el Viejo, sin inmutarse, le respondió muy cortésmente:

–La palabra "trópico" viene del latín tropicus, y ésta, a su vez, del griego tropicós, de tropos, vuelta. En astronomía los trópicos designan a cada uno de los círculos menores que se consideran en la esfera celeste, paralelos al Ecuador, entre los cuales se efectúa el movimiento anual aparente del Sol alrededor de la Tierra. En el hemisferio boreal se ubica el trópico de Cáncer en el paralelo de latitud 23° 27′N, y allí pasa el Sol al Zenith el día del solsticio de verano; mientras que en el hemisferio austral, el trópico de Capricornio se encuentra en el paralelo de latitud 23° 27′S y por allí pasa el Sol al Zenith el día del solsticio de invierno.

–Muuchas gracias…, ¡hip!–. Dijo el borrachito, y permaneció callado el resto de la clase. En seguida el Viejo retomó el hilo de lo que venía desarrollando:

–En el rito, el ditirambo parece ser una onomatopeya de un grito que se pronunciaba en el éxtasis con Dionisio. Los romanos no eran ni apolíneos (soñadores) ni dionisíacos, eran muy burocráticos, formadores del Estado. El Estado proviene de ellos. Sabían delimitar funciones, que todo esté previsto. Los griegos tenían ciudades-estado, pero los romanos crearon el gran aparato del Estado, que abarque todo el planeta, si fuese posible. La raíz de Estado es la misma de éxtasis, pero éx–tasis, es fuera del Estado, fuera del orden. Nietzche conoció en su interior a Dionisio. Göethe también lo conoció, pero quedó apolíneo hasta los 90 años, por eso escribió el Fausto. Esculapio, el médico, es apolíneo, el que cura. Dionisio, en cambio, no cura a nadie, el que está enfermo que se muera.

Y así terminó aquella clase en sana paz. Y todos nos retiramos contentos y satisfechos, como si hubiésemos recibido un buen salario. Inclusive Leopoldo, que se salvó de una castración dionisíaca, o, al menos de una paliza apolínea.

Una clase sobre plantas sagradas

Ese día dijo lo siguiente:

–En toda la tradición clásica hubo el contacto o relación con las plantas, hacer amistad con ellas. Algunas plantas eran consideradas sagradas porque estimulaban lo obscuro, siniestro y perverso en nosotros. Otras eran sagradas porque estimulaban la consciencia. El laurel, por ejemplo, se ponía alrededor de la cabeza. Otras se ponían en los tobillos, en las rodillas, en los órganos sexuales, las nalgas, el ombligo, el cuello, etc.

–Hay plantas que son importantes para una persona en particular. Entre los griegos, se trataba de una relación consciente con las plantas, la cual podía darse tomando la planta, o sin tomarla. El laurel en la cabeza despierta un cierto nivel de consciencia. Los antiguos descubrieron el efecto de cada planta a través de la amistad con ella, así la planta informa para qué sirve. Esto no se descubrió como lo hace la ciencia actual por experimentación, por ensayo y error, etc. Siempre en los templos había relación con las plantas. El laurel es la planta de Apolo, y Apolo tiene que ver con la música, con la videncia. En otros casos usaban una corona de hiedra.

—Paracelso clasificó las plantas mágicas en número de 12; teniéndolas en casa tiene uno una farmacia completa. Esas 12 tienen que ver con las 12 divinidades griegas principales. Paracelso lo descubrió por Alquimia, y, según él, se deben tener dos jardines, uno con las 12 plantas mágicas y otro con 12 tipos de flores (ciclo de 12 como en el zodíaco). Hay una alianza entre una planta mágica y una de flor. El pámpano tiene que ver con la vid, y ésta se alía con la rosa.

Y terminó diciendo:

—El trigo y el maíz son muy especiales: el trigo no crece espontáneo, no es gramínea silvestre, sino que es producido, cultivado por el hombre; el maíz igual, bajo la dirección de Deméter. Así se forma un nuevo reino, producto de esa relación entre el hombre y el reino vegetal. El trigo, el maíz y la rosa son producto de esta relación amorosa. El cultivo de las plantas equivale al cultivo del alma. El alma del hombre creció gracias a esa relación. Hay un laurel americano, bello, y con las mismas cualidades mágicas del laurel griego. Artemisa, Rosa y Verbena: tres de las plantas de Paracelso.

A la conquista de los dioses

Aquel miércoles llegué puntual a la hora del seminario. Normalmente alcanzaban las sillas para todos, pero ese día había acudido mucha gente y me tocó sentarme en el suelo, al lado de Hugo Beckenstein, un judío argentino que vendía libros y que era un poco malgeniado. El Viejo comenzó diciendo:

—En las civilizaciones antiguas donde había mitos, hubo una atención especial a las partes del cuerpo y su relación con la psiquis del individuo. Fue un período donde se desarrolló una ciencia milenaria vertida hacia el hombre psíquico y su relación con el hombre físico. Por eso dice la Biblia "el cuerpo es templo del espíritu". Y por ello, entre los griegos, el golpe de Apolo se da en la cabeza, en la región posterior de la nuca. También Ares está en la cabeza. Y el tantra le asigna un valor esotérico a las rodillas.

—Dice Zeus, comenzando la Odisea de Homero, que los hombres achacan a los dioses las causas de sus propios males, pero en verdad ellos son los responsables de todo lo que les pasa, porque actúan como locos.

–Los dioses griegos son fuerzas superiores a los hombres, pero que están en ellos.

–Los antiguos helenos, para conquistar a los dioses, les rendían reverencias y les hacían sacrificios. Y les daba resultado. La segunda técnica que utilizaban era la magia ceremonial, con plantas, movimientos, danzas, etc. También les daba resultado. El tercer camino era comprender todo el juego de esas potencias por uno mismo, reconocer esos dioses en el interior de uno mismo. El cuarto camino era dialogar con los dioses.

–Llegar a Ítaca implica un grado de lucidez.

–Atenea, la de los ojos de lechuza, es la que ve de noche, en la obscuridad de nuestro interior. Habría que hacer pacto con ella para llegar al Olimpo.

–Poseidón es dios de las aguas, de los mares, de las profundidades. Dondequiera que aparezcan aguas o mares en las escrituras sagradas, debe interpretarse como emociones o sentimientos. El salmista dice a Jehová en la Biblia: "Señor, me han invadido muchas aguas".

Y finalizó la clase con estas ideas:

–El comportamiento del agua en la naturaleza evoca el comportamiento de los afectos en nuestra interioridad. Pegaso, el caballo alado, salta del agua. La raíz de Pegaso significa "fuente". Hay un mito en el que un hombre se monta en Pegaso para llegar al Olimpo. Es el camino de la afectividad, que parece ser el único para llegar. La movilidad del mar es igual a la movilidad de las emociones. No se puede cosechar ni arar en el mar. Pero también el mar engendra monstruos: Polifemo, el cíclope que Ulises cegó, era hijo del mar.

Sobre *La Odisea*

Estábamos leyendo a Homero y yo no quería perderme las interpretaciones hermenéuticas que el Viejo hacía. Aquel día acudió mucha gente: en los primeros puestos estaban el dramaturgo Carlos Danés, que siempre llegaba temprano, y Anna María Leoni, profesora de literatura inglesa que hacía intervenciones inteligentes. Pero cuando llegué ya no había asientos vacíos ni lugares en el suelo. Tuve que quedarme de pie, a un lado de la puerta. A mi derecha, muy circunspectos, estaban Orángel y Leo. El maestro comenzó diciendo:

–La anámnesis es remontarse hacia atrás en la memoria. Decía Platón que conocer es recordar. Es meterse dentro de uno mismo.

–En el alma hay un anhelo ciego, al principio indefinido pero más adelante claro, por regresar a la "fuente", a Ítaca.

–Los compañeros de Ulises, que van muriendo, son parte del mismo Ulises. Ellos se identificaron con muchas cosas, se atrevieron a comerse las vacas del Sol, cosa grave. Pero el propio Ulises, a pesar de haber vivido con la bruja Circe varios años, y con Calipso, nunca olvidó que su verdadera meta era Ítaca.

–El nivel de *La Odisea* no es metafísico, sino psíquico. Estamos asediados por el mar, por la afectividad. Ulises en medio de su tormenta, encontró la isla de los feacios (Esqueria), donde lo salvó la princesa Nausícaa. En el interior de nosotros mismos, sólo se puede llegar a la isla de los feacios a través de un largo viaje por mar. Debemos estar atentos a nuestra afectividad. La educación que recibimos nos enseña a reprimir la afectividad. El rey de los feacios, Alcínoo, significa: 'de mente poderosa'.

–En contra de lo que pudiera pensarse, hay una búsqueda del dolor, así como la hay del placer. Se ha observado que, al salir una costra por una herida en la piel, el niño, y también el adulto, tienden a romperla, aunque no esté seca y pueda salir sangre. Hay también costras en la afectividad que uno siempre está tratando de romper, y que nos producen dolor sin que lleguemos a resolver.

–Lo que los psicólogos llaman represión, podría considerarse como un retiro de la consciencia para no enfrentar un problema. Es una disminución de la consciencia; aquello que se quiere reprimir sigue del mismo tamaño.

Y terminó su clase diciendo:

–Los feacios tenían ganada la guerra contra Poseidón, dominaban ampliamente el mar.

Cada vez que finalizaba el seminario ocurría lo mismo: un nutrido grupo rodeaba al Viejo para seguir hablando con él. Nadie parecía querer irse. Cuando dictaba sus conferencias pasaba exactamente igual: sobretodo los jóvenes se le acercaban para continuar oyéndole, así fuese por breves momentos. Algo en él parecía recordarnos al viejo Sócrates rodeado por la juventud ateniense.

Los feacios, señores del mar

En la siguiente clase, y también a propósito de *La Odisea,* el Viejo se extendió dando explicaciones cuando leíamos sobre el llanto de Ulises, mientras éste escuchaba al aeda cantar las hazañas de los griegos durante la guerra de Troya. El héroe se hospedaba en el palacio del rey Alcínoo, rey de los feacios. Entonces dijo lo siguiente:

–Hay un llanto que es orgánico, con muchos clamores. Dice Cristo en el Evangelio que donde hay dos o tres reunidos en mi nombre, allí estaré yo. El nivel más profundo de interpretación es que dos o tres se reúnen en uno mismo: 1 es el cuerpo físico; 2 es lo emocional, el psiquismo; y 3 es la mente. Si se reúnen dos o los tres, hace acto de presencia el Cristo, es decir, un nivel de consciencia superior. Normalmente no están los tres reunidos, ni siquiera dos. El cuerpo mental puede estar estudiando un tema, pero el emocional puede estar comprometido con otras emociones, y el físico sentirse incómodo. ¿Cómo hace uno para conocer a otra persona, si no están presentes los tres, o por lo menos dos en uno? Los feacios son señores del mar, es decir, señores del mundo afectivo. Los engaños que uno le hace a los demás, son poco considerables en relación con los engaños que uno se hace a sí mismo. A veces la amistad es confundida con el compinche. Eso no es. Es una afinidad en un nivel más hondo. Está más allá de la compañía. Según Homero, un amigo es tanto o más que un hermano.

–Parte de las actividades religiosas que realizamos tienen por objeto apaciguar algunos "yoes" que toman el poder en uno. Cuando aflora algún Yo poderoso –como el que produjo el llanto en Ulises–, podemos preguntarle desde un nivel superior –como el del rey de los feacios–: ¿Quién eres tú? Si la pregunta está hecha desde un nivel adecuado, hay respuesta. Cuando Alcínoo le pregunta a Ulises ¿Quién eres?, éste comienza a contarle toda su historia, auxiliado por Mnemosine, la memoria, en quien se resumen las nueve Musas.

–Todo esto ocurre en el "megarón", la sala grande en forma rectangular que caracterizaba a los palacios reales, en la época micénica. Había un fuego central y cuatro columnas que iban hasta el techo. Las sillas para servir a los huéspedes se disponían alrededor, pegadas a la pared. La reina Areté –su nombre significa: virtud, nobleza, mérito, perfección– era la señora de la casa, y se sentaba cerca del fuego para tejer. También lo hacía el aeda para cantar. Para comer, a cada persona sentada en su silla le ponían una mesita en frente. Iluminado por el fuego, el aeda se sentaba en actitud de recogimiento, mientras le servían a cada invitado la comida.

De pronto el maestro se quedó pensativo. Deseaba que comprendiéramos la importancia que tenía el acercamiento de Ulises a los reyes de Esqueria, el país de los feacios: Alcínoo es el que tiene una mente poderosa, y Areté es la que ha desarrollado virtud. El acercamiento a estas dos condiciones es lo que va a permitir al héroe llegar a su patria anhelada, donde él es rey: el centro de sí mismo, siempre a través de la afectividad. Entonces se dirigió directamente a nosotros y dijo que él no conocía a nadie actualmente que tuviera desarrollada esa condición de areté: virtud, nobleza, mérito, perfección. Y preguntó:

–¿Ustedes conocen a alguien?

Entre los asistentes se encontraba un argentino de apellido Zárate. Era practicante de yoga y otras disciplinas acuarianas y lo había llevado nuestro amigo astrólogo Mario Flores. De pronto, tal vez sintiéndose aludido por la pregunta, y con esa modestia típica que suelen tener algunos argentinos, se puso de pie en seguida, y, sin inmutarse, dijo:

–Humildemente, ¡yo!

El Viejo sólo lo miró directamente a los ojos y no dijo nada. Y continuó su clase:

–Los griegos usaban una especie de manto o camisón que cubría el cuerpo, llamado "gitoon", y, por encima de ese, se ponían otra capa. Con esta capa se cubrió Ulises la cara para llorar cuando oyó al aeda cantar sobre la guerra de Troya.

–El mayor espectáculo que podía haber era escuchar al aeda. El significado verdadero de Ulises es "nadie". Para él era un problema, en su viaje de regreso a Ítaca, tanto las incomodidades como la demasiada comodidad. La vida no conduce a nada, es un ir y venir, nada más. Para poder hacer lo que uno tiene que hacer, debe haber una dirección en uno, desde otro nivel. El sentido que pueda tener la vida no le viene de ella misma, sino de un nivel elevado en uno.

–Hay un autor francés, llamado Víctor Berard, autor de *La estela de Ulises,* que opina que los lotos que comían los lotófagos, que hacían olvidar a los compañeros de Ulises de la idea de volver a Ítaca, no son otra cosa que dátiles, pero pudiera tratarse de la datura. Es importante acotar que los maestros zen desestiman las experiencias alucinógenas, como las que produce la datura. Según Berard, la bahía de Nápoles es la región de los cíclopes adonde llegó Ulises, debido a que hay volcanes humeantes similares a los cíclopes que tienen un solo ojo.

–Con respecto al episodio en el cual a Ulises le correspondieron 10 cabras a él solo, mientras que a las demás 12 naves les tocaron 9 a cada una, es importante recordar que las patas de Dionisio eran de cabra, que la piel que usaba Zeus en el brazo era de cabra, y que los magos usan una piel de cabra para cubrirse el plexo solar. La cabra es el símbolo de Capricornio, mientras que el Vellocino de Oro era una piel de cordero, de oro, y representa a Aries.

Sobre la Guerra de Troya

A propósito de la lectura de la Ilíada de Homero, el Viejo hizo una interpretación hermenéutica de la Guerra de Troya tan esclarecedora que hasta hoy no la he podido olvidar. Comenzó recreando el mito del nacimiento de Aquiles, el gran héroe de Troya:

–La diosa Tetis, inmortal, crió un hijo mortal. Y ésto lo repitió Homero 22 veces. En las escrituras sagradas el mar siempre es la afectividad, y Tetis vive, precisamente, en las profundidades del mar. Pero había un oráculo que advertía sobre su descendencia. Zeus se enamoró de ella, pero cuando supo el oráculo ya no la tocó. Entonces buscaron a un mortal para casarlo con ella: Peleus. Tetis y Peleus se enamoraron y tuvieron un hijo llamado Aquiles. "Pelida" significa hijo de Peleus. Pero en el banquete del matrimonio ocurrió que la diosa Eris no fue invitada. Eris significa discordia, y erística es el arte de discutir para ganar. Aún así, Eris se presentó en el banquete y tiró sobre la mesa una manzana que decía "Para la más bella". En seguida, Afrodita acercó la mano para agarrarla, creyendo que era para ella, pero tropezó con la mano de Atenea y con la de Hera. Así comenzó la discordia.

–Zeus tuvo que hacer de juez, y, para resolver la disputa, decidió poner a un hombre ingenuo, puro, un pastor adolescente, con vitalidad. Decidió también que Hermes–Mercurio (el azogue, la inteligencia, dios de los ladrones, de los pensadores y comerciantes) bajara con las tres diosas ante el pastor. Hermes entonces le entregó la manzana para que se la diera a la que le pareciese más hermosa de las tres.

–El pastor, de nombre Paris, no decidió en el momento. En el intermedio vino Hera a influir sobre él para que se la diera, prometiéndole poder sobre el mundo. Luego vino Atenea, diosa grande y poderosa, y ofreció bienes también: sabiduría y videncia. En tercer lugar se le presentó Afrodita, diosa del amor, de la generación, de la belleza, y le pidió la manzana a cambio de la mujer más bella del mundo, al tiempo que dejaba caer su vestidura con disimulo.

–Más tarde vinieron las tres diosas con Hermes, y el pastor (Paris) le dio la manzana a Afrodita, quien le había prometido la mujer más hermosa del mundo. Paris, de joven, había ganado un concurso, y su padre Príamo, rey de Troya, lo reconoció y aceptó como hijo y príncipe.

–De Paris, deriva en español parir. Es el falo. Son las fuerzas de la generación.

–Helena es el alma: una fuerza central que puede subir o bajar.

–Helena es esposa de Menelao, y nació de un huevo porque su mamá era Leda, que había sido transformada en cisne por Zeus. También era hermana de Clitemnestra.

–Cuando Paris raptó a Helena, Menelao se quejó ante todos los príncipes que también la deseaban. Reyes y príncipes acudieron al llamado y así se inició la Guerra de Troya, para recuperar a Helena.

–Helena se ubica en el plexo solar. Pero eso libre en el hombre (Helena) había escogido a Menelao. Esa energía había subido del plexo solar hasta el plexo coronario, ubicación natural de Menelao.

–*Laos* en griego es territorio, región. La raíz *mene*, en griego, tiene el mismo significado que el *Manas* en sánscrito, lengua hermana del griego. Por lo tanto Mene–lao es la región o el territorio del Manas. Según la tradición antigua poseemos 7 cuerpos: 4 inferiores (el físico; el emocional o astral: cuerpo del mundo afectivo que se separa del físico en lo que éste se queda inmóvil, como en el sueño; el etéreo o vital: es el que otorga la vida y se separa del físico en la muerte; y el mental: que está activo permanentemente en la vigilia). Y tenemos 3 superiores (el Atman o cuerpo átmico –es el observador imparcial, no juzga; el Buddhi o cuerpo búdico es el yo espiritual o el ojo del Espíritu; y, por último, el Manas o cuerpo manásico es el pensamiento divino, creador de los mundos, reflejo de la mente universal, da la visión del "ojo interno", la intuición pura, y permite adquirir plenamente el libre albedrío). Del Manas surgen los cuerpos físico, etéreo y astral.

–La Guerra de Troya se desarrolla en el plexo solar de cada hombre, para rescatar a Helena y llevarla de vuelta con Menelao.

Ese día todos salimos muy contentos. ¡A qué comprensiones tan elevadas nos llevaba el maestro con sus disertaciones!

La "operación del cuervo"
en la alquimia

Al Viejo le gustaba mucho explicar las etimologías de las palabras. Aquella vez habló sobre el significado del verbo griego hipokorídzomai = enternecerse, romper las estructuras de adulto para decir cosas ridículas, ponerle nombrecitos de cariño a un niño o a una persona. Añadió que los griegos identificaban esta emoción con las rodillas. Y agregó:

—El hombre puede ablandarse por la presencia de un niño o por la presencia de la belleza. Esta segunda vía es la planteada en el *Banquete* de Platón. Esto se llama en Alquimia la "operación del cuervo", o "putrefacción". Es la búsqueda de un estado no condicionado. ¿Habrá colectivamente una emoción que ablande las estructuras de una sociedad? Es lo que se plantea en la *República*. Hay quienes piensan que si no se ha producido esa operación en cada uno primero, nada se puede hacer. Esta empresa de buscar el encuentro con uno mismo puede ser peligrosa. El filósofo debe emprenderla con "andreia", con valentía. Decían Schopenhauer, y también Tucídides, que el espectáculo exterior tiende a repetirse. El filósofo es el que le gusta ver a través de eso. Pudiera uno perderse en el acto repetitivo, como en el atletismo, como en ir al cine, etc.

La Odisea y Walt Whitman

El maestro solía utilizar mucho el pizarrón en sus clases. Por aquel tiempo acostumbraba asistir un alumno que apodaban "el Guri". Su verdadero nombre era Carlos Olmos. Siempre llegaba temprano, reservaba un puesto al lado del maestro y se dedicaba a rayar la pizarra con extraños signos y con muchos escritos generalmente incomprensibles. De modo que aquel día, cuando el Viejo llegó al salón, notó que sólo quedaba una pequeña porción de espacio donde escribir. Pero fue muy respetuoso con los garabatos del Guri, y se conformó con el pedacito que quedó. Entonces comenzó diciendo:

–La Odisea de Homero no puede comprenderla nadie mientras esté pensando que lee los mitos de los griegos. La única manera de entenderla es pensando que Ulises es uno mismo. Es muy recomendable leer el "Canto a mí mismo", de Walt Whitman, en el contexto de la lectura de la Odisea. Es un poema extraordinario y majestuoso, y tiene que ver con la comprensión de los mitos. Whitman es uno de los grandes poetas que ha parido esta tierra. Debe leerse corrido todo el poema, entre varios y en voz alta. Eso es preferible que leerlo uno solo. Es un poema esotérico. La consciencia de uno se va ampliando a medida que se va leyendo.

–"Me contradigo, soy vasto, contengo muchedumbres". Esto también está en Dostoievski, cuando dice que "cada hombre es responsable de los demás hombres". También Terencio: "Nada que sea humano me es extraño".

Después que citó a Terencio, se levantó en dirección hacia donde estaba el Guri, y, sin mediar palabra, le estampó una soberana palmada en la frente que se escuchó con fuerza en todo el recinto. Algo vio el maestro que los demás no supimos, algo que ameritaba ser corrido con tan sonoro toque. Nos dimos cuenta de que el Viejo era un consumado terapeuta. Luego se sentó y continuó su clase:

–En Whitman hay algo similar a los grandes procesos de meditación. Conviene leer, además, "El barco ebrio", de Rimbaud. Y escuchar la "Pasión según San Mateo", de Juan Sebastián Bach.

–El esperar la aurora es una costumbre de los países orientales. La "Noche larga", llamada así en Indonesia, es quedarse despierto toda la noche, sin tomar café y sin reloj, y sentir cuando viene la aurora. Se produce una comprensión del Sol y de los fenómenos cósmicos. Se debe hacer al menos una vez al año. También es practicado por los indios de América.

–El "niño de oro" es el proceso interior que nace después de la "putrefacción", u "operación del cuervo" de la Alquimia. Es darse cuenta, sinceramente, de la tiniebla que hay en uno. Hay que dormir en la playa sin luna. Si uno duerme con luna, se "aluna", amanece hinchado. "Cantaban las estrellas como alondras", decía Heráclito. Es recomendable ver las estrellas en la noche, en una playa. Hay un algo muy particular que ocurre en el interior de uno.

Sobre la afectividad

De esta manera habló el Viejo ese día:

–Los caballos son del mar. El poeta Rimbaud escribió que los arcoíris son como las bridas del mar. En el mito griego Océano es el mismo Ouroboros. Es un río llamado Océano que le daba la vuelta al mundo, como una serpiente que se muerde la cola. El caballo es la fuerza afectiva, emocional, que puede obedecer al amo. Las mulas no. El Sol aparece en un carro tirado por caballos. El esoterismo griego toma como base de la afectividad el mar. La afectividad del hombre tiene la profundidad del mar. Las nubes, las tormentas, etc., del mar están en el hombre. No olvidar que el caballo es el animal sagrado de Poseidón. En el canto 11 Odiseo evoca y habla con las almas de damas y héroes de quienes mucho se comenta, que pertenecen a los tiempos idos. Esto aparece también en las coplas de Jorge Manrique, y, en general, en la poesía española de la Edad Media, la evocación de los tiempos pasados.

–"Acmé" es el momento culminante, de mayor creatividad, de más plenitud de un hombre. Hay momentos en que se puede decir una palabra, son momentos mágicos. "Kairós" es el momento de plenitud de las circunstancias. Stephan Georgu y Friedrich Hölderlin fueron dos extraordinarios poetas con quienes tuvo contacto Heidegger. Él, interpretando a Platón, decía que el filósofo debe besar las cosas en lo que tienen de eterno, por eso el filósofo debe contactarse con los poetas. Los poemas de Safo, por ejemplo, son extraordinarios e inmortales.

–En el "Diálogo de los muertos", de Luciano, ocurre un diálogo, en el infierno, entre Diógenes (filósofo cínico) y Tántalo. El mito de Tántalo significa tener cerca todo lo que uno quiere, pero no poder tomarlo.

–Dice el poeta Eugenio Montejo, tal vez refiriéndose a los yoes inferiores que tratan de tomar el poder en uno: "¿Quién es ese que usurpa mis manos cuando te acaricio?".

Y, una vez terminada la clase, se dirigió hacia Aribén y lo detuvo en la puerta. En seguida le hizo unos movimientos extraños por la cabeza, como una suerte de pases magnéticos.

La vida es un Coán

Las sirenas tienen que ver con la fascinación. Scila y Caribdis tienen que ver con la dificultad de tomar decisiones, la necesidad de decidirse por un mal menor. Scila y Caribdis son fuerzas en el interior de nosotros. Hay un estrecho con un escollo para poder llegar a Ítaca. Esto es el equivalente del Coán en el Zen: un ejercicio que el maestro pone al discípulo. Hay unos 400 coanes conocidos. El Coán es secreto y no se menciona entre los discípulos. Los que se conocen generalmente no son por indiscreción de algunos alumnos, sino que se trata de coanes que algunos maestros Zen ponen a una comunidad. Conocemos el siguiente Coán: el maestro da una palmada con ambas manos y le pregunta al discípulo ¿cómo sonaría la palmada con una sola mano? El primer significado del Coán: es un problema difícil de resolver. El segundo significado es: la vida de cada persona es un Coán para él mismo. La vida de cada quien es un problema y no puede resolverse inmediatamente. Es un Coán que puede ser resuelto. El Coán que el Maestro Zen pone al discípulo, tiene que ver con el Coán de su propia vida. Cuando una persona se enamora y se casa, o no se casa, está exteriorizando el Coán de su propia vida. "Las antinomias de la Razón Pura" es un capítulo de Kant en la "Crítica de la Razón Pura". Se trata de un Coán universal en relación a la razón. Otro Coán universal es que cada quien desea y tiene la voluntad de ser libre, sin amo, sin leyes, sin policía, pero, por otro lado, todos necesitamos un orden establecido. "Estoy entre Scila y Caribdis", es una expresión común para decir que estoy indeciso.

—Hay dos monstruos bíblicos, uno de ellos es el Leviatán. La Biblia dice, en el Libro de Job, que podía beberse el agua del Nilo y después la orinaba. Tiene que ver con los ciclos. El filósofo Hobbes utiliza el término Leviatán para titular su libro: es la sociedad humana configurada como estado. Creer que uno es un solo hombre es una de las grandes ilusiones. Leviatán es un monstruo formado por todos los yoes que se beben el agua de la vida y después la orinan (ya no es potable). Quiere decir que no se aprovecha esa energía sino que es bebida. Esa enorme dificultad plantea un Coán. Cada hombre es como una miniatura del universo. En la tradición antigua se decía que el conocerse uno mismo era conocer el universo. En el templo de Apolo en Delfos se decía: *Conócete a ti mismo*, y también: *Nada en demasía*. Hay un Coán para cada uno en particular. Todo el que logra ver su vida con claridad, lo que ve es una enorme oscuridad coánica. El Coán no tiene que ver con la descripción de un tipo determinado de conducta, es algo mucho más profundo y misterioso.

Apartarse de la fascinación

Esta clase fue sumamente interesante, por la temática que tocó el Viejo:

–Los ejercicios imaginativos ayudan mucho a comprender. Desde la antigüedad, las escuelas de sabiduría ponían –y ponen aún– ejercicios de imaginación.

En este momento interrumpió Natasha, una vidente muy conectada con el mundo mágico, que era también pintora y tarotista:

–Yo tengo una amiga que es muy imaginativa: estos días la visité y cuando le abrí la nevera, tenía en el congelador los zapatos, y, en la parte de abajo, la ropa.

El maestro no hizo ningún comentario, sólo continuó:

–Hay unas entidades no perceptibles por los sentidos, superiores al hombre, que lo devoran, que lo chupan periódicamente, tan superiores al hombre como él lo es a las abejas cuando les quita la miel; como el oso hormiguero cuando mete su lengua pegajosa dentro de un hormiguero. Muchos mitos aluden a esto. ¿Cómo hacer para liberarse de estas entidades? Pasó una epidemia de cólera, o una guerra, dice uno, pero ¿cómo saber que no se trata de la lengua del oso hormiguero, es decir de una entidad que provoca eso para alimentarse? Esas potencias son superiores al hombre y son muchas, de diferentes naturalezas, y son para el hombre como el hombre es para los animales. Algunas de estas entidades han sido descubiertas por algunos seres humanos: Marte, Júpiter, Hera, Zeus, la Gorgona, etc. Lo que aparece en los mitos es una descripción de la naturaleza de estas entidades que succionan al hombre.

–También está en los mitos como que fuera imposible salvarse colectivamente.

–La muerte a la que se refiere el *Libro egipcio de los muertos* y el *Libro tibetano de los muertos*, es la muerte iniciática, que hace que uno escape a la fascinación y sea rechazado por las entidades que lo succionan a uno. El hombre está acostumbrado a ser ordeñado por las emociones, y racionalmente las defiende. La luminosidad que se ve después de la muerte, de la que hablan los dos libros de los muertos, es la que aparece cuando uno se aparta de la fascinación y se vuelve incomible para las entidades.

–Los dioses de la mitología de la región de Mérida son todos hostiles. Lo menos malo que puede ocurrirle al que tenga contacto con Arco (el arcoíris) es que contraiga una enfermedad incurable. Si lo toca se muere.

–La oración pudiera ser una forma de estar eyaculando la energía.

–Pecado capital quiere decir que uno pierde la cabeza, es un enredo emocional. Capital = cabeza. Lo que los demás llaman pecado capital pudiera no hacerle perder la cabeza a uno, luego no sería pecado capital para uno. La fascinación es como el hipnotismo. Es interesante ver a una persona hipnotizada, pero no dejarse hipnotizar uno.

—Los mitos tienen una especie de gramática que describe todas las situaciones emocionales. Un mandala es una figura sobre la que se puede meditar, no es solamente un dibujo. Scila y Caribdis puede ser un mandala. Caribdis sorbe el agua y la vomita tres veces al día. Circe le advierte a Ulises que no se encuentre allí cuando esto ocurra. Quiere decir que las experiencias emocionales se repiten con cierta periodicidad sin dejar el fruto en uno. Se repiten periódicamente de manera mecánica.

Los caballos de Khajuraho

De aquella clase sólo recuerdo lo siguiente:

—De las ondinas puede salir una fuerza que rompe algo terrestre, que lo perfora. Esa fuerza, de origen marino, emocional, una vez que rompe lo terrestre en uno, nos puede herir y pisotear. Esto está expresado en el símbolo del caballo que pisa al hombre en los altorrelieves eróticos de Khajuraho, en la India.

Cuando el anhelo está menguado

Susy Scorza había hecho un doctorado en astrofísica en Europa. Fue alumna del Viejo por muchos años y a él le gustaba ponerla a leer los textos que estudiábamos en el seminario cuando ella visitaba Mérida. Era muy versada en las enseñanzas de Gurdjieff y la escuela del cuarto camino. Sabía que las estrellas son consciencias vivas metidas en un cuerpo estelar, pero estos no eran temas de conversación en su ambiente de trabajo allá en el viejo continente, donde investigaban, con el método positivo, sobre la muerte de las estrellas. Ese día nos visitó. El maestro comenzó diciendo:

–"Bendecid a vuestros enemigos", dice la Biblia. Los choques emocionales que nos producen los enemigos pueden ocasionar una sublimación alquímica en nosotros. Las pruebas y dificultades que nos ponen los dioses nunca son más grandes de lo que podemos resistir. Es el mismo caso del maestro de artes marciales que pudiera matar al muchachito que entrena, pero le pone las pruebas adecuadas a su nivel.

–Nos ciegan los temores, los deseos, las contradicciones, o algún anhelo asfixiado, también las maldiciones. Una maldición es una palabra, o conducta de otro, que lo haya oprimido, opacado o acomplejado a uno. Una persona amada puede producirnos una maldición, puede ser hasta la propia madre, con un gesto o un insulto, que lo acompleje a uno. También una maldición puede ser no dicha, sino pensada, y tener su efecto. Estas cosas pueden no dejarlo ver a uno. Hay que estar despierto como el arzobispo, como Eumeo, el porquerizo de Ulises. La maldición cae en uno porque uno no está en guardia; uno está vulnerable, con las guardias bajadas. Sin embargo, hay que bajar la guardia cuando se ama, correr el riesgo aunque la persona amada pudiera maldecirlo a uno.

–Cuando uno ha cambiado su progenitura por un plato de lentejas, todo está perdido, el anhelo está menguado, opacado. Cuando el anhelo es poderoso, libre de temores, no hay maldición que caiga.

–"Mi copa está rebosada", dice el Rey David. Significa que tengo para mí y me sobra, por efecto de una alquimia bien realizada.

–Cuando aparece un manto o abrigo en las escrituras sagradas, se refiere a la posibilidad de construir un cuerpo astral. Hay un cuento sufí que narra lo siguiente: un hombre descansaba en su casa y oyó un escándalo en la calle. Para no perder tiempo, se puso un manto muy bello y salió sin más vestiduras. En la calle, un hombre pasó y le quitó el manto. Entonces él tuvo que regresar desnudo y la mujer le preguntó qué pasaba. A lo que él respondió "querían mi manto".

–Un aura brillante y muy luminosa puede ser extensión del cuerpo astral de un maestro. El origen de los mantos españoles que se anudan en el cuello es iniciático.

Ante el anhelo interior
no hay demonio que pueda

Esto habló el Viejo aquel día:

—Se sospecha que el canto 23 de la Ilíada, de una extraordinaria belleza, fue escrito íntegramente por el poeta que recopiló la Ilíada, no por Homero. Allí se narra la muerte de Patroclo y los juegos. Schiller, el gran poeta alemán, se expresó de este canto como lo mejor que leyó en su vida, y que el mismo lo salvó del suicidio.

—Todo canto colectivo produce un trance, se abre un ámbito psíquico. En los ritos de Dionisio se cantaba, y esas canciones producían un éxtasis colectivo. En un grupo de personas cantando en una iglesia, pudiera haber un engaño, que le roben a uno la energía para que algo viva. Quitarse los zapatos para entrar en algún lugar, pudiera ser para dejarlo a uno indefenso. Pero ante el anhelo interior no hay demonio, por poderoso que sea, que pueda con uno.

—Según la tradición, el cerebro es frío y corresponde a la Luna. El corazón es caliente y corresponde al Sol.

—Hay una especie de comunicación por los pies, como hacen los niños. Esto pertenece a ciertos ritos antiguos.

–Los lugares de oración en un templo tienen diferentes efectos. Si se va a orar por su propia salud, se debe colocar uno en la parte del templo que corresponda al órgano afectado. La base del templo cristiano tiene la forma de una cruz, o de un hombre acostado. En la puerta de occidente y sus alrededores está la zona de los pies. En la zona intermedia del templo está el área de las vísceras. El espacio del altar con las dos naves laterales corresponde al corazón. Y, por último, el área del oriente tiene correspondencia con la cabeza. Los templos hindúes son circulares, con una columna fálica de piedra en el centro a la que hay que pegar la frente. Parecen la cabeza de un hombre visto desde arriba. La columna representaría la columna vertebral. Estos son templos antiquísimos, anteriores a Buddha. Al lado de la columna se sienta en el suelo de piedra el sacerdote de ojos muy brillantes. Se cantan cánticos mientras se va caminando en forma circular, y mucha gente entra en éxtasis. Este tipo de templos da una sensación de intemporalidad. Los cánticos son mantras. El sacerdote le pone a uno una marquita en la frente.

Y finalizó diciendo:

–A los que tienen contacto con el destino les duelen los pies, o tienen problemas con los pies. Son personas que están paradas, están de pie, sobre el destino. Hay gente muy vinculada al destino, como Edipo.

Al terminar la clase, Antonio Eduardo Dagnino, un afamado pintor y docente universitario que había vivido diez años con Sai Baba en la India, y que se la pasaba dándole cachetadas a la gente "para salvarla", se aproximó rápidamente al Viejo y, sin mediar palabras, le estampó dos palmadas en los cachetes, a la vez que le decía:

–¡Te salvé, José Manuel!

El lavado de los pies

El "foxinós", en griego antiguo, es el que tiene un ojo de un color y el otro de otro. En español no hay palabra para designarlo. En la Edad Media esto era un signo inequívoco de ser brujo, o de tener poderes. El foxinós era sumergido en agua, si se ahogaba significaba que era brujo del fuego. O era quemado, y si moría, es que era brujo del agua.

—El lavado de los pies pertenece a una tradición anterior al siglo XII a. de C. La energía de la Tierra entra a través de los pies. La palabra hebrea que quiere decir pie, también significa pez. El poeta Rimbaud, en "La herrancia", dice que él está sentado a la orilla del camino. "Mis estrellas a lo lejos tenían un dulce fru–fru" (fru–fru es el sonido que producen las enaguas al frotar). "Yo las escuchaba con un pie en el corazón". También dice Heráclito que el Sol tiene el diámetro de un pie. Esto puede ser una asana. Esa relación del pie con el corazón y con el pez es muy importante. Dice en la Biblia: "Hay que lavar los pies con sangre del corazón". Si se comprende el verdadero significado de los pies en la tradición clásica griega, se puede comprender el misterio de la serpiente. El verdadero signo de Leo en la antigüedad era una serpiente, una serpiente emplumada.

—Hay tres versiones en la Biblia:
1) Lavar los pies con sangre del cordero.
2) Lavar los pies con sangre del corazón.
3) Lavar los pies con agua del corazón.

El centro de la integración
del ser está en el pecho

Prudente Telémaco: Prudente en griego significa el que respira antes de hablar.

–La risa destruye los círculos magnéticos.

–Alegría de tísico: Es una risa montada sobre una desgracia. No comprender la situación real.

–El discernimiento como virtud no es un procedimiento intelectual, es más bien intuitivo.

–El centro de la integración del ser está en el pecho, no en la cabeza.

–Se supone, por tradición antigua, que la fuerza de la mujer tiene su centro en el ombligo (plexo solar). La civilización celta era matriarcal, y la religión también. Dice Robert Graves en *La diosa blanca* que las civilizaciones pre–romanas y pre–griegas eran, en gran parte, matriarcales. Todo hace sospechar que un matriarcado antiguo muy poderoso fue sustituido por un patriarcado, también poderoso. En Europa, en ciertos lugares, hay todavía un fuerte culto a la Virgen María, que sustituye a un antiguo culto a la diosa Core, hija de Deméter.

—Herakles fue esclavo de la reina Omfalia (el ómfalos es el ombligo), como consecuencia de haber matado a Ífitos por un robo de unas 12 yeguas en su propia casa. Era inconcebible matar a un huésped, y más en la casa de uno.

Los pretendientes de Penélope
son mis propios yoes

Aquel día hubo disturbios en Mérida. Marchas y contramarchas por todos lados, pero el Viejo nunca interrumpía sus seminarios. Aunque bajaran ríos de piedras por las calles. Él y sus clases eran como otra universidad dentro de la universidad. Y no parecía tenerle miedo a nada. Comenzó su clase diciendo:

–En griego el temor se asocia con el color verde.

–Los pretendientes de Penélope, en la Odisea, son los yoes que se oponen a la toma de consciencia de uno mismo.

–Ormuz es un dios de la luz, de la plenitud.

–Ahrimán = disfraz, oscuridad, sombra.

–Las tradiciones tántricas usan algunos órganos unitarios para construir el imperio del hombre, como en la religión persa: la lengua y el pene, o el clítoris, el estómago, la pineal o la pituitaria. En cambio el hígado y el páncreas son duales, al igual que el corazón y los pulmones.

–El Tao es impar.

–Es interesante el número de vértebras = 33, que serían como 33 escalones, o los 33 grados de las tradiciones iniciáticas, desde el coxis hasta el Atlas, la vértebra número 33 que sostiene el cráneo.

–El amor y la amistad no son propiamente emociones, están dentro de lo sagrado, son duraderas, sirven de soporte al largo proceso de desarrollo interno. Una persona enredada en emociones es como un laberinto de espejos deformantes. La permanencia y la posibilidad de ver, o de trascender, son lo que permite discriminar entre una emoción y un sentimiento.

–Hay que tener vistas ciertas puertas en uno.

–Según Heráclito, un amigo vale por 10.000 personas. La amistad no necesita cultivo, es una puerta por donde fluye la comunicación.

–En los templos griegos había siempre una serpiente. De hecho, Pitia es el nombre de una serpiente.

–Hitler, y los alemanes que lo acompañaron, estaban dirigidos por una Orden esotérica: la Orden de Tule. La svástica no sólo está al revés, sino inclinada, en posición de movimiento, de inestabilidad.

–Dicen los que saben, que en el escudo de Venezuela hay dos cosas que la perjudican: un caballo corriendo pero mirando hacia atrás (esto ya fue modificado), y dos ramas de café y cacao, que son rubros que Venezuela abandonó. También el escudo de la Universidad de Los Andes tiene algo. Dice "Fluctuat non mergitur", Fluctúa pero no se hunde, como un barco. Esta inscripción aparece también en la puerta de la catedral de Mérida. Y fue, así mismo, utilizada por Nietzche para referirse a la línea apolínea. Es el principio de individuación. Es como la lucesita que se prende al Santísimo.

Refugiarse en un dios,
como Odiseo en Atenea

Si se desarrolla la consciencia del cuerpo, se puede desarrollar la consciencia del universo. "Ocupa tu cuerpo": es una máxima antigua de las tradiciones védicas. "Sin otra luz ni guía que aquella que en el corazón ardía", dice San Juan de la Cruz. La geografía sagrada es la que explica los lugares del cuerpo descritos en un texto sagrado.

–Ser burgués es, según Nietzche, poner la seguridad, la tranquilidad y la estabilidad por encima de todo. Reducir al máximo los riesgos.

–Siempre es conveniente el refugio en un dios. Odiseo se refugiaba en Atenea para poder luchar contra los otros dioses. Pero el anhelo de un hombre no puede ser quedarse bajo las faldas de un dios, será más bien un anhelo de plenitud.

–La mentira deja un sabor a papel mojado en la boca. Hay experiencias que dejan sabores, porque hay una correspondencia entre lo psíquico y la boca. El sabor de masticar el pétalo del lirio, tiene relación con experiencias que afirman el anhelo. Las plantas de asfodelos tienen que ver con prácticas de contacto con el más allá. Así también hay olores psíquicos, agradables o desagradables.

—Los objetos de poder tienen relación con un planeta, un metal y un dios. Por ejemplo:

Saturno-Cronos: el plomo

Júpiter-Zeus: el estaño

Marte-Ares: el hierro

Sol-Apolo: el oro

Venus-Afrodita: el cobre

Mercurio-Hermes: el mercurio

Luna-Diana-Artemisa: la plata

Penélope: la espera
de la realización suprema

Antes de que llegara el maestro, Leo nos estaba contando sobre la "noche larga", celebrada el pasado solsticio de verano en una casa de montaña, por la vía a La Azulita. Había acudido mucha gente. Entre ellos un grupo de monjes budistas que dirigía Sara Robi, a quienes el Viejo había invitado para que realizaran una meditación como parte de las actividades. Como pasaban las horas y los meditadores no paraban, Leo preguntó al maestro:

–¿Por qué meditan tanto?

–Eso no es nada comparado con la eternidad, Leonardo. –Respondió Jonuel enseguida.

Pero nuestra clase ya estaba por comenzar. El Viejo llegó ese día radiante:

–Algo en el hombre sabe que tiene una posibilidad de llegar a la plenitud. Los pretendientes son otras posibilidades secundarias en la vida: las relaciones, la posición social, etc. El hombre, normalmente, deja pasar el tiempo, a ver si ocurre algo que permita que el anhelo supremo reine. Eso es Penélope, la espera de la realización suprema, que ocurrirá gracias a un agente poderoso en uno mismo, que es Ulises, la fuerza yang. El hombre corriente subordina el anhelo supremo a los deseos secundarios. Como en "*El emperador de China*", de Kafka: *Y tú acodado en tu ventana por las tardes esperas al emperador de China.*

–Esa tela que Penélope teje y desteje equivale a tejer un anhelo supremo y destejerlo, dándole largas, mientras uno atiende otras cosas y pospone el anhelo supremo. Esto, corrientemente, produce una nostalgia profunda de un no sé qué, una especie de dolor del mundo. La nostalgia significa, en griego, un dolor por regresar. La Psicología no se ha propuesto todavía el estudio de este proceso psíquico. Quizás porque es una ciencia nueva, tiene escasamente cien años.

–Sólo en la medida en que yo me haya leído a mí mismo, en que me haya observado a mí mismo, en esa medida puedo leer los textos sagrados.

–Penélope quiere decir, etimológicamente, "destejedora". Tejer incluye urdir (los hilos verticales) y tramar (los hilos horizontales).

–Según la Tradición Gnóstica antigua, los primeros 14 días de la Luna, a partir de la Luna nueva, la Luna recoge las partículas de luz esparcidas en las sombras. Las recoge para el Sol. En los siguientes 14 días proyecta o envía estas partículas.

–Las diosas se dividen en vírgenes y no vírgenes. Entre las vírgenes está Atenea, que no nació de vientre de mujer, sino de la cabeza de Zeus. Entre las no vírgenes está Afrodita.

–Sir Walter Raleigh, el pirata, fue un navegante y político inglés. Era también un notable poeta, y trata a la Luna de hombre, en sus poemas. También en mucha poesía alemana antigua se concibe a la Luna como masculina y al Sol como femenino. Quizás esto venga de un antiguo matriarcado.

—"Dios no tiene contrario", según el Tao. Las comprensiones grandes están más allá del bien y del mal.

Y concluyó diciendo:

—La ficción puede ser uno de los caminos hacia la verdad.

La Guerra Santa no es entre hombres, es más bien interna

Por esos días en el Seminario se leía El Corán, con alusión a otros textos de la tradición árabe y también de Occidente. Era usual encontrar allí a la señora Usha Bali, de una gran erudición, y que siempre iba con unos sombreros bastante extraños, por no decir extravagantes. El maestro comenzó diciendo:

—El maniqueísmo viene del profeta Manes, que nació en Persia en el siglo III, y fundó la secta de los maniqueos. Según ésta, hay dos dioses, y los hombres son buenos o malos. En el juicio final, los buenos irán al cielo y los malos al infierno. De allí vino la Guerra Santa. Según Mahoma, la Guerra Santa no es física, entre hombres, sino que es individual y es interna. La Guerra Santa es un encuentro y conciliación de las dos fuerzas, y es a nivel psíquico. El maniqueísmo es una incomprensión de esta Guerra Santa. Los maniqueos interpretaron que los buenos son los que creen en Mahoma, y los malos los que no. De allí vino la famosa Guerra Santa. El que se conoce a sí mismo sabe que la Guerra Santa es en el interior de uno, a nivel psíquico. Los españoles estuvieron siete siglos peleando con los árabes porque los consideraban infieles. El cielo, el infierno o el purgatorio son símbolos que hacen referencia a una especie de topografía del mundo interior.

–Alí, el yerno de Mahoma, fue depositario de la Tradición esotérica. Su nombre completo era Alí Mohamed Soleimán.

–Los escritos sagrados suelen tener siete niveles. Enrique Schliemann, arqueólogo y helenista alemán del siglo XIX, encontró un segundo nivel en la Ilíada: el arqueológico. Se preguntó si la guerra de Troya habría sido histórica. Y encontró la antigua ciudad, en una colina de Turquía. Allí descubrió siete ciudades, cada una encima de la otra.

–Los puntos masoréticos son puntos que indican cuál es la vocal que va entre dos consonantes, en la escritura hebrea (que no tiene vocales). En ciertas palabras sagradas no se indican los puntos masoréticos, o se indican de manera equivocada.

Y continuó diciendo:

–Entre la Sura 15 y la 20 del Corán, hay un viaje de Mahoma al mundo inferior.

–La poesía que nosotros sentimos como tal es arábigo-andaluza. Nuestros ancestros son andaluces. El español tiene muchos contactos con el árabe. El sur de España estuvo siete siglos dominado por los musulmanes. En el español hay unas cinco mil palabras árabes: almohada, alambre, alicate, ojalá… No tenemos consciencia de nuestro contacto con el mundo árabe.

–Mahoma es del siglo VII.

–El siglo cumbre del desarrollo científico en la Edad Media fue el XII, y su foco estaba en España (mundo árabe en esa época).

–"La venida de la hora puede ocurrir en un abrir y cerrar de ojos". Dice El Corán, en la Sura 16.

–Maniqueísmo: división entre los buenos y los malos.

–En la tradición griega se recomienda la familiarización con todas las potencias del alma (dioses) para lograr la unidad.

–Los Rubaiyath, de Omar Kaiyam, son versos de la Sura 16 del Corán.

–Dante tiene mucho de gótico. En la tradición gótica había una deleitación en la caligrafía, en la belleza de la escritura. La verdadera caligrafía es la búsqueda del gesto adecuado.

–La tradición hindú es lo más profundo a lo que ha llegado la humanidad entera.

–Los indios son los que tienen la clave telúrica de América.

–Todo es símbolo: la naturaleza es un templo con poderes vivos.

Finalmente, concluyó con estas ideas:

–Según la tradición musulmana, la práctica de la caligrafía es simbólica. Hay que escribir un libro. Cada día se escribe una página con los actos, con los gestos. De día se escribe con tinta negra, y de noche con tinta blanca. En la Sura 17, "El viaje nocturno", se dice: "Lee tu escritura".

la masse
COUILLE

La Cábala escrita
es el laberinto exterior

Continuábamos leyendo El Corán:

–Saturno es la justicia implacable.

–Lectura de los 110 versículos de la Sura 18: La caverna.

–La Medina es un lugar secreto, separado, prohibido, sagrado. Es una pequeña ciudad encerrada dentro de una ciudad grande, en los países musulmanes. Curiosa coincidencia que en el Estado Sucre, en Venezuela, hay una playa cerrada, de difícil acceso, pero bellísima, llamada playa Medina.

–"No digas jamás: *haré tal cosa mañana,* sin añadir: *si es la voluntad de Dios".* El Corán, Sura 18.

–Jorge Luis Borges tiene un libro llamado "Argumentum ornitologicum", basado en la Sura 18 del Corán. Borges fue un gran lector del Corán y de la Cábala.

–Según la sabiduría rabínica, el laberinto exterior es la Cábala escrita en libros, o por correspondencia.

–En un segundo nivel (no como representación teórica), el conocimiento (episteme) es anábasis y anámnesis. Es decir, el conocimiento sagrado no se alcanza por representación teórica o racional, sino que es un acercamiento del propio ser a la Fuente, o Ser Universal.

–Hay la necesidad en el hombre de traspasar el umbral de la consciencia ordinaria para comprender el lenguaje de las parábolas, por ejemplo. De allí la idea del "otro", del nacimiento de otro en uno.

–Según el mito, hay dos Hércules: uno es un androide, en la Tierra; otro es el verdadero, en el cielo. Helena de Troya era un androide; la verdadera Helena estaba en Egipto, la tierra de Isis.

–Egipto: la tierra del macho cabrío alto. El androide contiene el camino a quien crea el androide.

–Igne Natura Renovatur Integra = INRI.

Y concluyó la clase haciendo el siguiente comentario:

–Ekpírosis: conflagración final de todas las cosas en el fuego. La Anábasis es un proceso o retorno individual, mientras que la ekpírosis es un proceso cósmico.

Importancia de los sentidos

Ese día leímos la Sura 19.

–El Corán tiene 114 Suras. La suma de 114 da 6. Seis es, en el Tarot, "el enamorado" o "la libertad", y tiene que ver con la toma de decisiones.

–La hilación de los escritos en el mundo occidental ha sido siempre, hasta James Joyce, lógica, una secuencia lógica. Pero en los textos orientales –y en el Corán–, hay una superposición de planos.

–Parte de los babilonios eran semitas.

–Isma–el = el Señor, Dios (El) ha oído (ishma). De Ismael viene la tradición árabe.

–El sentido más originario es el tacto, los demás sentidos se derivan de este. Ver es tocar. En la tradición oriental los verbos para denotar el conocimiento tienen que ver con oír. En la tradición griega, conocer es ver; "sé" se dice en griego "oida", que, en realidad, es el perfecto de "ver" = yo tengo visto. En ciertas tradiciones indígenas de América, el conocimiento tiene que ver con saborear; en otras con tocar.

–Una forma de ex–poner el mundo interior es la palabra. Por eso es importante el silencio. Zacarías, en la Sura 19, debía volverse mudo.

–Los griegos tenían varias palabras para designar el alma y el corazón. Esto demuestra que habían observado muy bien los diversos centros de la afectividad.

–La virgen María sobre una media luna es Isis. La media luna con los cuernos hacia arriba es el Toro.

–Alexandra David–Neel revela en sus libros los misterios mayores de la tradición tibetana. Ella se disfrazó de hombre para que la pudieran admitir los lamas, y así fue iniciada en todos los misterios. Cuando comprendió la importancia real de esto, confesó a los lamas el engaño. Los lamas rieron de buena gana, y le contestaron que eso ya estaba previsto, y que si quería divulgarlo que lo hiciera, que eso ya estaba también previsto porque ahora se puede. Esta mujer era sobrina de Víctor Hugo.

La clase finalizó con Milton:

"Acerca de su ceguera", de John Milton, es un poema extraordinario sobre lo que hay que hacer en la vida:

Cuando pienso en mi vista aniquilada,
que he de andar siempre en sombras por el mundo
y que un talento vivido y fecundo
se halla en mí inútil, aunque prosternada
Mi alma al Hacedor, gimo al hallarme
de hinojos ante Él: ¡Mírame a ciegas!
¿Cumplo contigo y conmigo y luz me niegas?
Mas la Paciencia acude a contestarme:
De Dios el Santo Amor, jamás requiere
ni el trabajo del hombre ni sus dones;
a aquel que más le acata, a aquel prefiere.
Sus órdenes se cumplen soportando

con paciencia las grandes aflicciones;
se le sirve sufriendo y esperando.

Y termina diciendo:

They also serve who only stand and wait

"También sirven los que sólo permanecen parados y esperan".

Y agregó:

–Hay que reflexionar sobre el poema de Arquíloco:
      Yo tengo en mi lanza la masa amasada (el pan)
      Yo tengo en mi lanza el vino de Ismaria
      Y yo bebo reclinado en mi lanza.

–Los antigüos sentían que este poema era el poema de la libertad (la eleutería). Platón, Safo y todos los grandes pensadores griegos se sintieron inspirados en estas tres líneas de Arquíloco.

–Dáctilo es el pie de una sílaba larga y dos cortas. Homero, Arquíloco, Alceo y Safo compusieron toda su poesía en este pie.

Un discurso no esperado

El 24 de junio de 1983 todas las universidades del país decidieron hacer un homenaje a Simón Bolívar, para conmemorar los doscientos años del natalicio de nuestro Libertador. Acordaron que se haría en el Palacio de las Academias, en Caracas. Y, por voluntad unánime de los Rectores, el orador de orden para tan magna ocasión sería el Viejo, por su trayectoria académica, como filósofo y escritor.

Viajé a la capital para escuchar al maestro. No quería dejar pasar este evento tan importante. Entonces se me ocurrió invitar a mi amiga Himelda para que me acompañara a ese acto. Ella, una mujer muy experimentada en conocimientos psíquicos y ocultistas, admiraba mucho al Viejo por los relatos que yo le hacía, aunque no lo conocía físicamente. El Viejo también sabía de ella porque yo le confiaba algunas experiencias que había tenido con esta mujer. Así que llegamos temprano al auditorio y nos plantamos en la entrada a esperar que nuestro orador llegara.

Uno tras otro, los Rectores fueron entrando y ocuparon los curules que les habían asignado. Y el escaso público que hizo presencia ese día se fue acomodando a placer entre los numerosos asientos disponibles y vacíos. El Viejo llegó casi de último. Al verme en la puerta se sorprendió, pues no sabía que yo estaría acompañándolo. Nos dimos un abrazo y, en seguida, se la presenté:

—Maestro, conozca a la señora Himelda.

Le extendió la mano y permaneció en esa posición quizás dos largos minutos, mientras la miraba intensamente a los ojos. Yo conocía esa mirada extraña del maestro. La hacía cuando deseaba escrutar a alguien más allá de los engañosos sentidos.

—Vengo a librar una batalla—. Le dijo, como si fueran antiguos confidentes, mientras le soltaba la mano. En seguida sonrió y continuó su camino hacia el pódium donde lo esperaba el ministro de Educación y todas las autoridades rectorales.

Por nuestra parte, tomamos asiento muy cerca de una de las cornetas, pues yo me proponía grabar aquella magistral pieza de Jonuel Brigue, que quedó para la posteridad como una de las mejores que se hicieron aquel año en el país para honrar la memoria del héroe nacional.

Mientras el Viejo leía su discurso, noté que Himelda había cerrado los ojos y se hallaba muy concentrada mentalizando algo.

Cuando el maestro concluyó, sólo escuchó los aplausos del escaso público que allí se encontraba. Yo, particularmente, no cabía de gozo, pues la descomunal fuerza dionisíaca que sentí en aquellas palabras tenía un poder parecido al de los latigazos que recibieron los mercaderes del templo. Noté que los Rectores no aplaudían. Era obvio. Si desea el lector entender la fría respuesta de los Rectores, debe leer en seguida el Apéndice 1 que se muestra al final de este libro y que se titula: "Recuerdo y respeto para el héroe nacional".

Días después volví a ver al Viejo en sus labores cotidianas, atendiendo a sus alumnos en la Facultad de Humanidades y Educación. Me dijo sobre Himelda:

—Extraordinaria mujer. Me sostuvo todo el tiempo por un costado, mientras yo daba la conferencia.

La propuesta del Nobel

En el año 2006 hicimos la propuesta del Viejo al Premio Nobel de Literatura. Tomé la iniciativa y reuní la confirmación de varios colegas, todos profesores y profesoras universitarios que ejercían docencia en literaturas o en enseñanza de la lengua, y que estaban de acuerdo en apoyar la postulación. No fue nada difícil, pues, como he dicho, el maestro gozaba de un amplio prestigio, muy bien ganado, como escritor y conferencista a lo largo y ancho del país.

Según la normativa vigente del Nobel hasta ese año, no podían postular candidatos los organismos estatales, como el Ministerio de Educación de un país, por ejemplo. Tampoco podían hacerlo aquellas personas no vinculadas con el tema del premio. En este caso, que no fueran profesores de las áreas mencionadas.

Con la ayuda del profesor José Antonio Romero redactamos el primer borrador y se lo hicimos llegar a la Doctora Jacqueline, quien le dio el toque final. Así que en octubre de ese año, envié la carta que a continuación transcribo al Comité del Nobel de la Academia Sueca, en Estocolmo. Iba acompañada de una biografía sucinta, un catálogo de su obra y una caja repleta de libros de casi toda su obra publicada, en español y francés. Su alegría fue grande cuando se enteró que estaba concursando, porque los postulantes habíamos recibido una constancia del propio Comité, y algunos en Mérida le habían comentado

Vale decir que aunque el Viejo no ganó el premio, nosotros continuamos postulándolo en los años subsiguientes: 2008, 2009, 2010 y 2011. Aquí la carta:

San Cristóbal, Venezuela, 22 de octubre de 2006

Señores
Comité del Nobel de la Academia Sueca
Estocolmo.

Muy distinguidos Señores:
Tenemos el honor de dirigirnos a Uds. con la finalidad de presentar nuestra exposición de motivos como requisito para la postulación del Dr. José Manuel Briceño Guerrero al Premio Nobel de Literatura.

Hemos considerado oportuno elevar la presente candidatura en virtud de los méritos intelectuales, humanísticos y estéticos por los que él se ha venido destacando, a lo largo de una trayectoria —cercana ya a los cincuenta años— como narrador, ensayista y orador, firmando con su propio nombre, o bajo el heterónimo de *Jonuel Brigue*, tanto en Venezuela como en otros países. En efecto, como Uds. podrán constatar en los documentos que respaldan esta postulación, su obra ensayística muestra una preocupación por indagar en el ser y en los problemas de la identidad cultural latinoamericana, interrogándose sobre su lugar en el mundo. Su obra es, así mismo, una interpretación original del pensamiento latinoamericano, como una compleja imbricación de discursos de diversas procedencias y estratos: *el discurso señorial* o mantuano procedente de la nobleza europea previa a la Revolución Francesa, el discurso de la racionalidad ilustrada que se derivó de las revoluciones políticas, técnicas e industriales operadas en Europa desde el llamado Siglo de las Luces; y, finalmente, los discursos aborígenes de América que, fusionados o alternados con las voces de los afrodescendientes sometidos a la esclavitud y enfrentados al discurso europeo, constituyen lo que Briceño Guerrero ha denominado *el discurso salvaje.* Estos temas se encuentran desarrollados en sus obras: *¿Qué es la filosofía?* (1962), *América Latina en el mundo* (1966), *La identificación americana con la Europa segunda* (1977), *Discurso salvaje* (1980), y *América y Europa en el pensar mantuano* (1981).

En lo que respecta a su obra narrativa, hay que destacar que ésta se presenta de una forma muy singular, lo que le distingue de la de otros autores latinoamericanos contemporáneos: una permanente pluralidad de estilos y formas literarias de clara intención lúdica, mediante los cuales quebranta las hegemonías de los géneros literarios convencionales, en un esfuerzo por recuperar la palabra y su sentido más originario. Así, en *Doulos oukoon* (1965), *Triandáfila* (1967), *Holadios* (1984), *Amor y terror de las palabras* (1987), *Anfisbena culebra ciega* (1992), *Diario de Saorge* (1997), *Esa llanura temblorosa* (1998), *Los recuerdos, los sueños y la razón* (2004), *Mi casa de los dioses* (2004), y en tantas otras más, persiste la huella de escrituras poéticas, relatos, descripciones, ensayos reflexivos, referencias a conversaciones, voces personales e intimistas, acertijos, refranes, juegos de palabras y toda una diversidad de expresiones y vocablos del habla vernácula de la América Hispana, así como de otras distintas modalidades discursivas donde se combina lo serio y lo humorístico, configurando auténticas piezas de arte literario.

Así, la palabra, como actividad especulativa y creativa, como encuentro y búsqueda del saber, se hace manifiesta en su forma artística preñada de símbolos surgidos a partir de las vivencias cotidianas. Desde esa búsqueda, Briceño ha expresado lo siguiente: «La herida es la palabra. Se derrama en mundos cada vez más sombríos y más caóticos sostenidos por la ilusoria coherencia del lenguaje. Abandónalos. Destruye esa falsa coherencia. Ven a mí, vayamos a la palabra inicial, madre sangrienta de todas las palabras, encontrémosla para destruirla también y cese toda multiplicidad.» (*Anfisbena culebra ciega*, 1992, pág. 159). Y también ha escrito: «A veces me molesta el orden–cosmos–mundo y siento una especie de nostalgia del caos, de ese gran bostezo sin mandíbulas, anterior a la tierra de ancho seno y al amor. Presencia atrapada por el mundo. ¿El mundo la constituye o existiría sin él? ¿O es ella la que constituye al mundo? Mis únicos tesoros son el alma y la palabra; pero el alma es salvaje y la palabra no se deja domar.» (*Esa llanura temblorosa*, 1998, pág. 58).

Como puede apreciarse en esta breve exposición de motivos, hemos esbozado con trazos muy generales la relevancia intelectual y estética de la obra del Dr. José Manuel Briceño Guerrero, cuya recepción ha posibilitado la traducción de buena parte de ella a lenguas como el francés y el inglés –en esta última lengua aún en proceso de edición–, permitiendo así tanto su difusión como las reseñas, análisis y estudios críticos de parte de algunos investigadores. De estos últimos podemos señalar el trabajo de Miguel Ángel Rodríguez Lorenzo (1996) titulado *La mudanza del tiempo a la palabra. Latinoamérica en el pensamiento de J. M. Briceño Guerrero*; también el de Ricardo Bello (1997): *África y la teoría literaria. Lectura de Briceño Guerrero*; o el de Bernardo Enrique Flores Ortega (2002): *Tras la huella del mito*, entre otros.

Por último, cabe destacar que Briceño Guerrero ha sido

reconocido en Venezuela por su obra ensayística con el Premio Nacional de Ensayo (Consejo Nacional de la Cultura, 1981). Y su obra narrativa, merecedora en 1996 del Premio Nacional de Literatura (Consejo Nacional de la Cultura) ha alcanzado con los años un lugar privilegiado en las letras venezolanas.

Con el objeto de ampliar la información sobre el autor postulado y su obra, anexamos a la presente una reseña biográfica, un catálogo de su obra y una selección de algunos ejemplares de la misma.

Sin otro asunto al cual hacer referencia, quedamos de ustedes. Muy atentamente,

Bernardo Enrique Flores Ortega
Profesor de Gramática del Español y Lingüística
Universidad de Los Andes (Venezuela)

José Antonio Romero Corzo
Profesor de Lengua y Tradición Cultural
Universidad Nacional Experimental del Yaracuy (Venezuela)

Wilmer Zambrano Castro
Profesor de Lenguaje y Comunicación
Universidad Nacional Experimental del Táchira

Miguel Ángel Zambrano
Profesor de Lengua y Literatura
Universidad de Pamplona (Colombia)
Universidad Nacional Abierta (Venezuela)

Anna María Leoni
Profesora de Lenguas y Literaturas Extranjeras Modernas
Universidad de Los Andes (Venezuela)

Luisa López de Pedrique
Lingüista
Universidad de Los Andes (Venezuela)

María Elvira Ramos
Lingüista
Universidad de Los Andes (Venezuela)

Rubén Darío Jaimes
Profesor de Lengua y Literatura
Universidad Simón Bolívar (Venezuela)

Flordelia Pulido
Profesora de Literatura
Universidad de Pamplona (Colombia)

SEGUNDA PARTE

MEMORIAS
DE UNA VOZ ANTIGUA

A veces me molesta
el orden–cosmos–mundo
y siento
una especie de nostalgia
del caos,
de ese gran bostezo
sin mandíbulas,
anterior a la tierra
de ancho seno y al amor.

Presencia atrapada por el mundo.
¿El mundo la constituye
o existiría sin él?
¿O es ella la que constituye al mundo?

Jonuel Brigue, *Cantos de mi majano*

Un grupo llamado X3

Por esa época en que yo culminaba mis estudios en Mérida, y en los primeros años después de graduado, cuando comencé a dar clases en la Universidad de Los Andes, en San Cristóbal, yo me había hecho muy amigo de Leo Arellano, Orángel Estrada y Mario Flores Bustamante –quien por ese entonces trabajaba como Ingeniero en la ULA, pero pensaba renunciar para vivir exclusivamente de la ciencia astrológica–. A Leo lo había conocido el primer año de mi llegada a Mérida en un curso de Astrología al que me anoté apenas vi un aviso anunciando las inscripciones. Fue un llamado misterioso al que no hubiera atendido de no tener yo algún recuerdo en mi memoria celular que movilizó mis resortes desde vidas pasadas. Y con Orángel nos conocimos en el Seminario de Mitología del Viejo, y terminamos, los cuatro, haciendo una verdadera fraternidad.

Pero el hilo de la vida nos había reunido para algo más que una amistad. Rápidamente fuimos a hablar con el Viejo para decirle que necesitábamos un maestro. Entonces nos citó para el primer día de la luna nueva. Y no teníamos ninguna idea de lo que ocurriría en esa reunión, pero allí estuvimos los cuatro.

Nunca olvidaré lo que hizo el Viejo al comenzar la reunión. Antes de hablar cualquier cosa, dijo que necesitaba pedir permiso, un permiso muy especial sobre lo que en adelante haríamos. En seguida cerró los ojos. ¡El permiso era por dentro! Nosotros, sin saber qué hacer en ese momento, sólo permanecimos en un largo silencio hasta que él abrió los ojos y dijo:

—¡Los felicito! ¡Podemos comenzar la reunión!

No me está permitido revelar lo que nos enseñaba el maestro en esas reuniones, por respeto a su memoria, y porque nos hizo hacer un juramento solemne de no revelar nada de lo que se hablaba hasta que tuviésemos una autorización de maestría. Solo diré que al principio las reuniones eran lunares: mensualmente nos reuníamos el primer día de la Luna nueva. Pasado un año, las reuniones comenzaron a realizarse los días en que había cambio de signo zodiacal; entonces nuestras tertulias se tornaron solares.

Así nació ese grupo de primeros discípulos del Viejo, denominado X3, como me lo hizo saber años después, cuando me autorizó a crear un grupo al que debía llamar X4, de hombres, otro X5 sólo de mujeres y, por último, X6 que se constituyó como un grupo mixto.

Más adelante, el grupo inicial fue creciendo con la incorporación de Carlos Estrada y Lionel Pedrique, profesores de la ULA, y de uno al que yo llamaba el "Tocayo", de nombre Enrique D´Lima, que venía de tierras larenses acompañado siempre por Rafael Estrada. También ingresaron Juan Manuel Leal y Juan Acevedo, así como Marco Ortiz, de origen peruano. Otro, de nombre Fernando Mora, a quien decíamos el "gocho" y que fue mi amigo entrañable. Un ilustre caroreño, de nombre Cécil Álvarez, que después se trajo a otros más, todos parientes de él: Juan Carlos y Cheo, Chulalo, Ricardo Alonso, Angel Ricardo –un restaurador de carretas antiguas– y el poeta Fausto Izcaray. Finalmente, se agregaron mis alumnos Wilmer Zambrano y José Gregorio Vásquez –también poeta–, quien terminó siendo el infatigable editor de gran parte de la obra literaria del Viejo. Muy esporádicamente asistieron, además, Nano y Fernando Yépez, también ilustres caroreños.

Viaje al Titicaca

Desde las primeras reuniones, el Viejo nos había sugerido que debíamos visitar el lago Titicaca y también el Tíbet, donde se ubicaban los grandes chakras de la Tierra, el primero femenino, el segundo masculino. Siempre insistió en que se debía comprender la diferencia entre un turista y un peregrino. Y que el Camino de Santiago valía la pena hacerlo, al menos una vez en la vida, y mejor completo, desde París.

—Así como el ser humano posee 7 chakras principales y otros secundarios, el planeta también posee diversos vórtices energéticos en los distintos continentes—. Nos había dicho una vez.

A mí me había sugerido personalmente una lista de lugares importantes para visitar, por distintas razones esotéricas. En la India: Nueva Delhi, Agra y Benares; el Desierto de Gobi y sus inmediaciones (porque allí se produjo una mutación); Samarkanda; Stonehengue; Machu Picchu; la pirámide de Kukulkán en México; y el Gran Cañón de Colorado, en Estados Unidos.

En el verano de 1985, el Viejo nos citó en su casa para darnos algunas instrucciones antes de emprender la peregrinación al Titicaca. Estábamos los cuatro miembros iniciales del grupo: Leo, Orángel, Mario Flores y yo, pero ahora se nos agregaba Carlos, el profesor de ciencias. Haríamos el viaje por tierra, desde Mérida, luego atravesando toda Colombia, Ecuador y Perú hasta llegar a las inmediaciones del lago, que divide sus aguas entre Perú y Bolivia. Teníamos muchas expectativas con este viaje, pero también muchas interrogantes, porque ninguno de nosotros había hecho este recorrido, exceptuando a Mario Flores que era de origen peruano, y se había venido por tierra pidiendo aventones desde Lima y sin dinero, haciendo horóscopos o vendiendo cualquier cosa en las ciudades que iba visitando, pues su meta era llegar a Caracas adonde estaban los maestros y la sede de la Gran Fraternidad Universal, que había fundado, unos años antes, el sabio Maestre Serge Raynaud de La Ferriére.

El Viejo nos recomendó caminar mucho cuando estuviésemos en tierra sagrada, y sentir la fuerza que penetra por los pies.

–Hay que cansar el cuerpo para que las energías se asienten adecuadamente–. Dijo con mucha solemnidad. Y agregó:

–Mario Flores será su maestro en este viaje. Déjense guiar por él.

En seguida, nos hizo realizar un extraño ritual alrededor de un frondoso árbol cercano a su casa, y nos despidió con un sonoro abrazo y una bendición para cada uno. Así, emprendimos nuestro peregrinaje.

Un gracioso incidente ocurrió en la ciudad de Cúcuta, en plena frontera entre Venezuela y Colombia. El autobús en el que haríamos el recorrido hasta Bogotá se demoraba mucho en salir y todos estábamos cansados de las bromas y chanzas que nuestro amigo Leo nos hacía. La última que se le ocurrió fue lanzarnos varias veces un horrible zapato que algún pordiosero desechó por inservible y maloliente. Como siempre tenía hambre y cargaba buen dinero, regalo de su tía Tatica para el viaje, en el primer descuido que hizo para comprar algo se apartó del grupo por un rato, dejando su morral bajo nuestra vigilancia. Mario Flores, sin pensarlo mucho, levantó con un palo aquel zapato mugriento y apestante y lo introdujo en el morral del ausente, asegurándose de que quedara bien disimulado entre la ropa blanca y recién lavada que nuestro amigo llevaba. Y así, aquella triste y deplorable prenda hizo su recorrido completo hasta Bogotá.

Al llegar a la capital colombiana nos encaminamos a buscar hospedaje en una hermosa mansión donde vivía una amiga de Carlos. La idea era pernoctar allí, quizás un par de días, pero a nuestro amigo Leo se le ocurrió bañarse y, al abrir su morral para sacar la ropa, ¡oh, sorpresa! Se topó con aquel abominable zapato que, silenciosa y discretamente, le había acompañado a lo largo del viaje. Iracundo, lo arrojó con tal fuerza que el maloliente artefacto, convertido en proyectil, fue a esconderse en algún secreto lugar de la alcoba donde dormía la dueña de la casa, y era imposible recuperarlo sin ponerse en evidencia. Decidimos despedirnos rápidamente y corrimos a buscar hotel.

Este suceso me trajo a la memoria el fragmento N° 53 de Heráclito, en el que el antiguo filósofo griego expresó:

"La Guerra es Madre de todas las cosas y Reina; a los unos ha señalado como Dioses, a los otros como hombres; a unos esclavos, a otros libres hace".

El Viejo nos había explicado en clase que la guerra no sólo comprende los conflictos bélicos, sino además todas aquellas manifestaciones, incluso las más sutiles, que se dan entre los seres humanos, cuando se confrontan poderes antagónicos. Aquí quedaba claro cómo un simple juego podía terminar en una situación indeseable.

Durante el viaje, siempre aprovechábamos de visitar lugares emblemáticos, como iglesias, museos o mercados populares que nos permitieran hacer una lectura de la diversidad cultural de América Latina, aunque se nota, como dice el Viejo en su libro *América Latina en el mundo*, que "está ocurriendo un proceso de homogeneización cultural que hace pensar en una humanidad futura totalmente unificada, apoyada sobre las mismas estructuras y regida por un solo gobierno"[1]. ¡Claro, se refiere a la hegemonía de la cultura occidental! Esto lo vi palpablemente cuando llegamos un domingo a Copacabana, una ciudad poblada mayoritariamente por indígenas aymarás, en la orilla boliviana del lago Titicaca, y observé que el párroco llamaba a los feligreses a misa colocando a todo volumen música de Michael Jackson. Ambas cosas, la misa católica y esa música, son expresiones de una cultura venida de Europa, que ha ido imponiéndose en el mundo.

Tanto en Perú como en Bolivia conocimos gente que sólo hablaba el quechua en el primer caso, o el aymará, en el segundo. Y yo, en los ratos en que había silencio para reflexionar, recordaba ese curioso concepto de la Weltanschauung que cada hombre hereda al aprender su lengua materna, y que el Viejo, tomándolo del lingüista George Von Der Gabelentz,

---

1 J. M. Briceño Guerrero (2003), *América Latina en el mundo,* 3ª ed., p. 23.

respaldó como una idea subsidiaria de su pensamiento sobre la lengua como representación y visión de mundo:

> Cada lengua encarna una concepción del mundo, la concepción del mundo de una nación. Cada lengua representa un mundo, esto significa que es, por una parte, la totalidad de las representaciones en las cuales y sobre las cuales se mueve el pensar de un pueblo, y, por la otra, que es la expresión más inmediata y precisa de la manera como ese mundo es contemplado, de las formas, del orden y de las relaciones en que es pensada la totalidad de sus objetos. A quien la entiende así –única forma científica de entenderla– a él habla el pueblo a través de ella y le dice: Este es mi punto de vista, éste es el círculo visual de mi mente y la perspectiva en que se agrupan para mí las cosas, ésta es la idiosincrasia de mi ojo mental, del ojo conque contemplo el mundo.[2]

Al llegar a Lima, pensábamos tomar el tren para ir a conocer las ruinas de Machu Picchu, pero la guerrilla del Sendero Luminoso acababa de dinamitarlo. Recién se juramentaba Alan García en su primer mandato. Así que nos fuimos a Arequipa y, de allí, tomamos el tren que atraviesa el altiplano hasta Puno, enclavada en las orillas del Lago Titicaca, a 4.000 metros sobre el nivel del mar. Viajábamos en primera clase, con "calefacción", pero, aun así, el sufrimiento era espantoso pues debimos soportar toda la noche temperaturas muy gélidas, en asientos que sólo permitían la posición de 90 grados, pero, eso sí, con las posaderas abrigadas, pues sólo hasta allí llegaba el calor de la calefacción.

Nuestro amigo Leo, consciente de las enseñanzas del señor Gurdjieff –que había estudiado ampliamente–, decidió

---

2 George von der Gabelentz, en J. M. Briceño Guerrero (2003), *América Latina en el mundo*, p. 129.

hacer un alto al "sufrimiento voluntario" y, abriendo su saco de dormir, se entregó a los brazos de Morfeo en el pasillo del tren, armonizando el sufrimiento nuestro con sus rítmicos ronquidos.

Al llegar a Puno y a Juliaca, recuerdo mi primera impresión del lago. Era como estar frente al mar. Un mar de agua salobre, y totalmente quieta. Me trajo a la memoria el poema de Mallarmé, *Herodiade*.

¡Oh espejo!
Agua fría por el tedio en tu marco helado.
Cuántas veces y durante horas, desolada
De los sueños y buscando mis recuerdos que son
Como hojas bajo tu cristal de agujero profundo.
Me aparecí en ti cual sombra lejana,
Mas, ¡horror!, algunas tardes, en tu severa fuente
¡Conocí de mi esparcido sueño la desnudez!

Así se siente uno frente a la majestad de aquel inmenso lago: absolutamente desnudo frente a un espejo. Su energía se impone, de una manera tan femenina, tan sutil, que hace que el ropaje del ego, tan querido en nuestros ambientes citadinos, no encuentre lugar en un territorio donde se hace patente esa gran verdad que vislumbró Teilhard de Chardin: que no somos humanos viviendo experiencias espirituales, sino espíritus que hemos venido a vivir experiencias humanas.

De niño conocí el mar, pero no las lagunas. Mi familia paterna nació y creció frente al mar de Higuerote, en Barlovento, y luego emigraron a Caracas, pero dejaron casa en la playa. Así que, en vacaciones, experimenté desde muy temprano el pavor que produce el incesante oleaje, golpeteando en el pequeño cuerpo de un niño de meses de nacido. Pero rápidamente desapareció el temor, lo cual me permitió corretear las olas y nadar desenfadadamente. Lo que nunca pude superar es ese miedo inconsciente a las profundidades. Ese temor a naufragar en mitad del océano y verme, como el Ulises de Homero, desasistido de los dioses, desamparado de toda ayuda posible.

Una vez, estando en Tovar, una pequeña ciudad cercana a Mérida, rodeada de páramos y lagunas encantadas, me fui a caminar por los alrededores, explorando las montañas colindantes, hasta llegar a una laguna de regular tamaño, llamada Laguna Blanca, que los pobladores suponían era un refugio de espíritus de la naturaleza, a los que llamaban "encantos". Estaba solo; me quité toda la ropa y me sumergí en el agua. Intenté nadar un poco, cuando de pronto noté que mis pies estaban enredados en algunas plantas que nacían en las profundidades. Sentí un pánico sórdido, irracional. Debo haber luchado mucho para desenredarme, en medio del terror que experimenté.

También las profundidades del Titicaca infunden respeto. Se siente una energía muy sutil haciendo un cosquilleo leve que sube por los pies y que lo inunda a uno de un sentimiento parecido a la gratitud, y de un respeto casi reverencial por la Tierra. Pero la obscuridad que se impone en sus profundidades, más allá de lo visible, es otra cosa. Uno allí presiente lo sagrado. Es como estar en un umbral frente a lo inefable y muy cercano al misterio del que beben los chamanes. Fablar significa hablar. Así que inefable es aquello que es tan secreto, tan sagrado, que no puede ser expresado en palabras. Es el alimento "supersustancial" del que habla el Padre Nuestro. "El pan nuestro supersustancial danos hoy…". Así lo expresa el texto original en griego, que no fue traducido adecuadamente.

Ahora quiero relatar lo que ocurrió a nuestra llegada a Puno. El primer día fuimos a comer a un restaurante. El lugar estaba abarrotado de gente extranjera que venía a hacer turismo por el lago. Mientras comíamos, divisé a cierta distancia, entre aquella multitud, a un hombre extraño que estaba cancelando su cuenta. El hombre, de cabellos y barba largos, tenía un aspecto europeo, pero había algo en él que llamó la atención de nosotros. En seguida, Orángel y Carlos me acompañaron a hablarle. Su mirada no era normal. Eran los ojos de alguien que ha pasado una vida meditando. Le contamos de dónde veníamos y que ahora mismo no sabíamos a dónde ir. Entonces aquel extraño desconocido comenzó a explicarnos que el Titicaca era el chakra femenino del planeta, y que el masculino estaba en el Tíbet (esto ya el Viejo me lo había hecho saber y lo comprobé en mis dos viajes a la India, Nepal y Tíbet, en 1996, y luego en 2001 acompañado por Leonardo). Dijo también que en el lago trabajaba la "Hermandad de los Siete Rayos" en estado de "jinas" y que el lugar era muy frecuentado por ovnis. Finalmente, y hablándonos con autoridad, dijo que debíamos ir a la Isla del Sol.

Las palabras de aquel forastero, a quien acabábamos de conocer, produjeron en nosotros tal impacto que, sin ninguna discusión, emprendimos la travesía hasta la Isla del Sol.

Muchas veces me pregunté de dónde le venía la autoridad a este personaje, de dónde su ascendencia sobre nosotros. La respuesta me la dio una amiga en Caracas que es médium vidente: el Viejo había estado presente en la conversación que sostuvimos con aquel hombre de mirada vidriosa y diamantina. El Viejo tuvo que ver. Y también tuvo que ver con un indígena diligente que nos llevó en su bote hasta la mencionada isla. Se presiente la intervención deliberada de "algo" más alto que nosotros mismos.

Ya en la Isla del Sol, un día se nos perdió Leo desde muy temprano en la mañana y reapareció por la noche. Hizo una expedición él solo por la isla y descubrió las ruinas de la antigua ciudad donde moraron Manco Cápac y Mamá Olla, y de donde partieron para fundar en el Cusco la capital del imperio Inca, por instrucción de Viracocha. Al día siguiente, el mismo Leo nos sirvió de guía para llegar, después de siete horas de camino, hasta aquella solitaria ciudadela de piedra, que resultó ser un excelente vórtice energético.

Las culturas ancestrales prehispánicas se desarrollaron y fundaron ciudades, asistidas por sabios chamanes, pues ellos saben mucho sobre geografía sagrada. Saben escoger los lugares. Los indígenas más humildes, o más pobres en apariencia, pueden ser guardianes de templos o de lugares sagrados, celosos vigilantes de puertas interdimensionales, etc. que el mundo occidental desconoce por completo. Siempre recuerdo lo que expresó el Viejo en *América Latina en el Mundo*:

> Por el camino de la cultura se puede alcanzar la plenitud del hombre, pero jamás llegar a la plenitud del ser. Error es creer que una forma cultural, así sea la más refinada y sutil, puede llegar a lo que *es* en su totalidad y verdad. El máximo logro en esa dirección es el roce leve, el destello de los supremos símbolos, o las técnicas inductoras del éxtasis. (P. 114).

Pero el gran regalo que aquella isla reservaba para nosotros todavía estaba por venir. Habíamos visto un chorro de agua que brotaba de un elevado manantial recubierto de piedras talladas, muy al estilo incaico, y decidimos darnos un baño.

Era una mañana esplendorosa. El sol parpadeaba en un cielo totalmente despejado y producía una hermosa iridiscencia en el agua del lago, a lo que se sumaba el espectáculo de la cordillera nevada en el fondo.

Nos sentamos en las rocas que miraban hacia el agua, con la intención de secar el cuerpo con el sol y el viento frío. Cerré los ojos para meditar, sintiendo una paz profunda en mi interior. Habrían transcurrido pocos minutos, cuando me empezó a ocurrir algo muy extraño. Una "fuerza" desconocida entró por la cima de mi cabeza y se apoderó de mi consciencia. No supe en su momento qué me ocurría pero tuve la percepción de que era bastante serio, pues sentí que esa experiencia había transcurrido en un espacio–tiempo extracorporal y en un nivel bastante elevado de mi ser.

Cuando regresamos a Mérida, el Viejo nos citó para escuchar nuestros relatos del viaje. Se mostraba muy atento y hacía muchas preguntas sobre ciertos detalles. Después de una larga conversación, dijo que nos pusiéramos cómodos, pues haríamos una meditación en silencio. Apenas estábamos comenzando este ejercicio cuando volví a sentir algo extraño en mi cabeza. "Algo" o "alguien" estaba halando mi espíritu con fuerza para hacerme salir por la coronilla. Y ocurrió lo mismo que en la Isla del Sol. En un momento dado, el Viejo terminó la meditación y dijo:

—¡Los felicito, muchachos! ¡No comprenderán lo que les ocurrió sino dentro de veinte o treinta años!–. Y agregó: –Es bueno que sepan que ustedes y yo vivimos una vida pasada en la Isla del Sol.

¡Cuánta razón tenía el Viejo! Treinta y tres años después de aquella reunión memorable, supe por Sinayn, un Maestro Ascendido, canalizado a través de una amiga médium, que lo que me ocurrió en el lago Titicaca fue una abducción, y fue hecha por maestros pleyadianos –según dijo–, para que yo pudiera desarrollar mi misión a cabalidad. También dijo que me hicieron una iniciación en otra galaxia pero no puedo confirmar esta afirmación porque, obviamente, me fue borrado todo recuerdo de lo que ocurrió durante los dos trances.

Recordando vidas pasadas

Finalizando la década de los 90´s, el Viejo fue premiado por el Ministerio de la Cultura de Francia con una beca de escritor en dos ocasiones, debido a que algunos de sus libros habían sido traducidos con éxito al francés. La beca duraba 3 meses con atención en alimentación, lavandería y cualquier otro servicio que los becarios llegaran a necesitar. Él fue invitado como escritor, y su única ocupación durante el tiempo de la beca consistía en escribir un libro. También había otros artistas con diversas especialidades, y científicos.

La primera vez que disfrutó la beca fue hospedado en el monasterio franciscano de Saorge, denominado Nuestra Señora de los Milagros, ahora propiedad del Estado francés y ubicado en la aldea gótica de Saorge al sureste de Francia, cerca de la frontera italiana. En esa estadía escribió su hermoso *Diario de Saorge.*

En el segundo viaje, fue hospedado en el castillo de La Napoule, frente al mar Mediterráneo, construido en el siglo XI y restaurado a principios del XX. El fruto de esa estadía fue *Esa llanura temblorosa,* libro también hermoso, del que quedé particularmente prendado. Hay un fragmento inolvidable en ese texto, cargado de una hondura metafísica que obliga a citarlo:

> Mi casa, hecha de materiales visibles y tangibles, columnas, ladrillos, tejas, madera, bases firmes y riostras, mi casa que cualquiera mira sostiene otra casa invisible donde yo vivo de verdad. En mi patio se materializan las afecciones de mi entraña. Cuando vienes a visitarme entras en mí. Ten cuidado de no quebrar mi corazón (p. 88).

Cuando el Viejo se ausentaba por motivos de viaje, generalmente me dejaba a cargo, para dirigir las reuniones del grupo. Si se presentaba algún asunto delicado o de importancia, como, por ejemplo, decidir la fórmula alquímica del preparado que se toma en la madrugada del jueves santo, yo entraba en meditación y allí veía las proporciones de la fórmula. Enseguida le enviaba un email al maestro relatándole mi hallazgo y, para mi sorpresa, la fórmula era correcta.

A veces cuando él estaba de viaje, yo le escribía pidiéndole su asesoría desde la distancia:

> –Salud maestro. Le escribo para pedirle ayuda. Este sábado tengo que dirigir la reunión y no encuentro inspiración sobre lo que debo hablar a propósito de Virgo. Sé lo que puedo repetir: el ejercicio, el análisis que hacen los intestinos, el análisis mercurial (Hermes) que se hace con la cabeza, la prueba que puso Venus a Psique con los granos el primer día de la Luna, pero todo eso lo he venido repitiendo hace varios años. Por favor ayúdeme. ¿Cómo comprender mejor lo de la Virgen? ¿Cómo desarrollar el discernimiento? Espero que usted me de alguna indicación porque me siento un poco preocupado. En fin, quedo a la espera de su respuesta. Es todo. Bendición.

Respuesta:

–Estoy seguro de que hará muy bien su trabajo de Virgo. Repetitio mater studiorum, scientiae et memoriae y en el momento habrá inspiración. Lo quiere, lo saluda y lo bendice de todo corazón JB.

La repetición es la madre de los estudios, de la ciencia y de la memoria. Y, ciertamente, siempre recibí una misteriosa inspiración que, hasta hoy, me ha hecho pensar en que me llegaba ayuda.

Cuando regresó de ese primer viaje desde el monasterio de Saorge, todos lo esperábamos para nuestra reunión mensual con él. Apenas llegó a la casa me llamó aparte para hablar:

–¡Ven, Enrique, tengo que contarte algo!–. Dijo, con cierto aire de seriedad que en ocasiones lo acompañaba.

Nos apartamos del grupo. Encendió su pipa y, acariciando su blanca barba, comenzó a contarme lo que le había ocurrido en Saorge. Él caminaba todas las mañanas muy temprano por los alrededores del monasterio, antes de comenzar con su tarea de escribir. Un día se topó con un cruce de caminos: una flecha indicaba que en esa dirección se iba hacia un pueblo llamado "Brigue". Él se sorprendió de que existiera un pueblo llamado así, porque en sus libros acostumbraba a usar el nombre de Jonuel Brigue, un heterónimo formado alterando las sílabas de su otro nombre. Se dejó llevar por el camino señalado. Llegó al pueblo y, en seguida, sintió que conocía todo lo que veía. Su corazón se aceleraba a medida que se internaba en el pueblo. Se dejó llevar por una calle que el sentir le indicaba, hasta que se topó con una casa y tocó. Lo recibieron muy amablemente, lo invitaron a entrar, lo atendieron y conversaron.

—Enrique, ¡descubrí que estaba en mi casa y que esa era mi familia! Es decir, mi casa y mi familia de una vida anterior. Yo había vivido allí, y en ese pueblo. Por eso se me dio lo de mi heterónimo.

Otro día caminó cerca del monasterio pero en otro sendero diferente. De nuevo se halló ante una bifurcación, pero esta vez un letrero indicaba dirección hacia "Saint Dalmas". Se sorprendió, porque ese nombre se asemejaba al de su maestro, el señor Dalmau. Se dejó llevar atravesado por las emociones que se agolpaban en su pecho hasta que llegó a un pueblo, y le vino el recuerdo que él ya sospechaba: en ese pueblo había vivido su maestro, y él venía siempre a visitarlo para aprender de él, desde Brigue hasta Saint Dalmas. De regreso al monasterio no hizo otra cosa que meditar y terminar de recordar esa encarnación anterior.

—Es mejor cobrar consciencia uno mismo de las vidas anteriores a través de las asociaciones, que hacerlo bajo hipnosis en eso que ahora llaman regresiones, porque uno queda a la merced del hipnotizador. ¡Nunca te dejes hacer eso, Enrique!–, me dijo el Viejo, inhalando varias veces su humeante pipa.

Los relatos que el Viejo me hacía provocaban en mí hondas reflexiones. Era su forma, muy personal, de transmitir esa sapiencia que lo caracterizaba. Lo que le ocurrió en Saorge me dejó una huella imborrable sobre la actitud que debemos tener frente a las cosas de este mundo, y ante los eventos que ocurren en nuestras vidas. Debemos siempre desarrollar "una segunda mirada", como él solía decir. Porque al visitar lugares nuevos para nosotros, podemos estar parados en sitios que hemos conocido ampliamente en vidas anteriores.

Recuerdo cuando visité Grecia. Lo primero que hice fue acudir a las ruinas de lo que fue el antiguo templo de Apolo, en Delfos, donde funcionó el famoso oráculo por poco más de ocho siglos.

Apenas llegué, "supe" que estaba en algo que me era familiar. Pasé largas horas en aquel lugar sagrado intentando recordar, hasta que ocurrió el milagro: me senté en una piedra para contemplar el sinuoso sendero que, desde el mar, traía a los viajeros hasta la cima del promontorio donde se edificó el templo. Y me vi, en una época antigua, acudiendo a ese mismo lugar para consultarle algo a Apolo, el maravilloso dios de las profecías. Me recordé siendo griego, ateniense en una vida, y troyano en otra.

También me ocurrió cuando me inicié, todavía joven, en la masonería, por sugerencia del Viejo. Después de pasar varias horas vendado, llegó el momento en que destaparon mis ojos y, ante mí, pude contemplar a todos mis hermanos apuntándome al corazón con sus espadas. Súbitamente llegó a mi memoria la imagen viva de una vida mía ocurrida en la Edad Media, donde, en similares condiciones, yo me estaba iniciando en la masonería o en una Orden de Caballería. Debemos, pues, cultivar la "segunda mirada".

Visitando Las Parías

Desde las primeras reuniones del grupo, el Viejo nos dio a entender que había tenido una especie de visión o de revelación en la que le indicaban claramente que nosotros debíamos ir a visitar y pernoctar en unas lagunas que llamaban "Las Parías", y que quedaban justo en la confluencia limítrofe de tres estados: Mérida, Trujillo y Barinas.

En seguida organizamos el viaje, siguiendo este itinerario: Mérida, Boconó, Jajó, Tuñame, Las Mesitas, y, poco antes de llegar a Las Mesitas, se desvía el camino hacia la falla de Boconó. De allí, trepando por la falla, se sube a pie unos 45 minutos y se encuentra uno ante tres hermosísimas lagunas, la primera más alta, desagua en la segunda, y ésta en la tercera. Se acampa en ésta última, más baja. El silencio es impresionante, sobre todo en la primera. Desde que se llega, se percibe la solemnidad del lugar. Se siente estar en un ambiente sagrado, o, al menos, en el umbral de algo misterioso y secreto. Cada vez que compartíamos comida, ofrendábamos una parte y la hacíamos caer al riachuelo que llenaba la laguna.

Por las noches –muy frías, por cierto–, Carlos, nuestro amigo científico, nos daba una cátedra de astronomía incomparable, pues se conocía cada estrella y cada constelación en el firmamento.

Visitamos siete veces esas lagunas encantadas. Generalmente íbamos en enero o febrero cuando no llueve y el cielo está despejado.

En el último de estos viajes me ocurrió la experiencia más extraña, al llegar al pie de la tercera laguna donde siempre acampábamos. Tiré al suelo mi morral y me acosté sobre la hierba a descansar un rato. Apenas cerré los ojos, se me reveló una imagen hermosísima ante la vista interior. Al principio pensé que era la imagen del maestro Jesús, por lo luminosa que se veía. En seguida me percaté de quién se trataba y de sus intenciones. Era el espíritu de la laguna, o la entidad que la habitaba. Su ubicación natural estaba entre un acantilado de piedras en el lado este de la laguna y deseaba que yo la acompañara. Pero sentí miedo, y abrí los ojos. En seguida vino la conversación con los otros y ella ya no apareció más. Posiblemente lo haría en el sueño, pero no lo supe. Tal vez nos otorgó una iniciación nocturna en el plano astral, que es el mundo donde nos desenvolvemos cuando dormimos. Ahí comprendí por qué el Viejo deseaba que fuésemos a dormir en esas lagunas, porque allí hay un chakra de la Tierra, custodiado por esa hermosa entidad.

El mercurio se rompe

En julio del año 2009, el Viejo nos convocó para hacer la reunión mensual de cambio de signo, en su casa. En los inicios, estas reuniones se habían hecho en el apartamento de Mario Flores; luego en el apartamento de Leo y, más tarde, en la nueva casa de Leo por muchos años; hasta que, finalmente, se realizaban en el ambiente donde el Viejo trabajaba.

En esta ocasión el maestro ofreció su casa. El hado, o el destino, ya había trazado lo que habría de ocurrir. Y debía ser en casa del Viejo. La reunión se haría en el garaje, que era un espacio amplio y abierto. Cuando llegamos, los vehículos habían sido retirados y se había dispuesto sillas para nosotros, y una mesa en el centro donde se colocarían los cuatro elementos que siempre nos acompañaban: una vela para el fuego, incienso para el aire, una copita para el agua y otra para la tierra. Y, delante de los elementos, se disponían el azufre, el mercurio y la sal. Normalmente el mercurio iba en el centro de los otros dos, armonizando a los opuestos, como ocurre con las glándulas endocrinas. Pero en los signos de Tauro y Libra se colocaba el azufre al centro, porque en alquimia corresponde a Venus, regente de los mencionados signos.

Leo y yo llegamos un poquito tarde a la reunión. Cuando entramos acababa de ocurrir lo impensable: a alguien del grupo, deseando organizar los elementos en la mesa, se le había caído el frasco del mercurio el cual se quebró en el piso, esparciendo las bolitas del metal por mil lugares, algunos más distantes e imperceptibles que otros, y se hallaba en la imposible tarea de reunirlas. Noté su preocupación. No había sido su culpa, pero había ocurrido. Se sentía consternación en el ambiente y el rostro del Viejo era severo. Observaba todo con cuidado.

Siempre supe que el Viejo era un maestro de sabiduría. Nada con él ocurría por azar. Tenía sus defectos como todo ser humano. Algunas personas llegaron a odiarlo porque era demasiado franco para decir las cosas, sobretodo en su ambiente de trabajo. También lo envidiaban porque recibía reconocimientos académicos internacionales importantes. Y siempre fue muy exigente con sus alumnos. Él era un ser humano, con sus virtudes y defectos. Nosotros nunca lo vimos como un dios, nunca lo endiosamos. Más bien era para todos como un padre. Un padre paciente que sabía escuchar y aconsejar. Lo que sí percibíamos en el grupo es que el Viejo era un maestro antiguo. Desde niño le decían "Viejo" por ese aire de sapiencia y de magnanimidad que poseía y que lo hacía parecer como venido de siglos remotos.

Su erudición y su sabiduría, su vasto conocimiento de textos sagrados –los leía en sus lenguas originales: griego, latín, hebreo, sánscrito–, y su entrega y amor por transmitir a sus numerosos alumnos autonomía de pensamiento y formación de un centro magnético interno, lo convertían, a mi modo de ver, en lo que en la India llamarían un jnana–yogi. El Venerable Maestre Serge Raynaud de La Ferriére explica la Jnana–Yoga como el sendero del conocimiento, del trabajo, del estudio, y señala que los Upanishads proclaman la superioridad de esta vía, que exige al buscador una vida basada en el estudio racional, en las Escrituras y en la Ciencia. El Viejo había escrito alrededor de 28 libros, y tenía, al igual que el Maestre de La Ferriére, el planeta Mercurio exaltado en Acuario en su carta natal, lo cual otorga una gran capacidad de síntesis y una mente amplia y poderosa –como la mente de Alcínoo, el rey de los feacios en la Odisea de Homero–, para profundizar en los estudios, en la Filosofía y en la alta Ciencia.

La reunión del mes siguiente fue en su lugar de trabajo. Era un día de descanso para el personal que también laboraba allí, así que estaríamos solos con el maestro. Pero para nosotros fue un aciago día. Al terminar de darnos su enseñanza, anunció que aquella sería la última reunión que tendríamos y que, de ahora en adelante, nuestra relación con él sería individual. Aquella noticia nos llenó de sorpresa a todos, y nos dejó mudos por un rato. Habíamos pasado unos veinticinco años celebrando estas reuniones con él y, ahora, sin ton ni son, todo se acababa.

No pude evitar recordar el mercurio roto. El mensajero de los dioses había traído una señal, un anuncio, un signo de mal agüero que el Viejo supo leer. Al romperse en forma física, también se nos rompía aquella magia del verbo que él supo siempre transmitir en el espacio intemporal de nuestras reuniones, de las cuales sólo queda la nostalgia ahora.

TERCERA PARTE

EL MUNDO MISTERIOSO
DE JONUEL BRIGUE

Mis únicos tesoros
son el alma y la palabra,
pero el alma es salvaje
y la palabra no se deja domar.

Jonuel Brigue, *Cantos de mi majano*

Hay pocos maestros

Las primeras impresiones que tuve del Viejo fueron muy gratas. Lo veía llegar a la Facultad de Humanidades siempre de traje y corbata, siempre impecable, con una boina o gorra beige, o blanca, y la humeante pipa que no podía faltar y que se perdía entre la boca y su tupida barba blanca. Apenas iniciaba conversación con alguien, encendía de una vez la pipa. Llegué a pensar que era una especie de ritual apotropaico, de esos que se hacen para impedir o alejar los males, y que de esa manera, tal vez, protegía su "appeal" de perversos ataques vampirescos. Pero mucho más adelante supe cuáles eran las misteriosas maneras que el Viejo tenía para protegerse.

Había visto con él tres seminarios que formaban parte del pensum de la carrera, todos en griego antiguo: Heráclito, el Banquete de Platón y Mitología Clásica. De este último, el Viejo mantenía un curso abierto y permanente al que pronto comencé a asistir y continué haciéndolo aún muchos años después de graduado. Fue en ese seminario donde descubrí verdaderamente que él ejercía un auténtico magisterio y que lo rodeaban muchos jóvenes que se acercaban buscando luz.

—Hay pocos maestros, Enrique. Espérame un momento que tengo que atender una consulta–. Me dijo un día en que fui a saludarlo, antes de que iniciara su Seminario sobre Heidegger, y se fue a conversar con un joven que aguardaba.

Años más tarde el Viejo me explicó que él tenía una especie de "don de consejo", y que apenas se sentaba en la plaza Bolívar de cualquier pueblo desconocido en Venezuela, en seguida llegaba alguien a pedirle consejo sobre algún problema que le aquejaba. A veces para bendecir a algún niño. Me contó que cuando una persona solicitaba su opinión sobre aquello que le estaba pasando, en seguida se le prendía en la mente una especie de televisor donde él podía ver qué le sucedía, cuál era la causa y qué se le podía recomendar.

En una ocasión al Viejo lo invitaron a una recepción en una casa muy elegante en Caracas, luego de una conferencia. Al rato de estar ahí, el dueño de la casa le pidió que fueran a la biblioteca para conversar. El hombre cerró la puerta con llave. Quería plantearle algo al Viejo pero no hallaba por dónde empezar. Apenas comenzó a decirle que él, desde niño, tenía problemas para andar y recorrer cualquier camino que él tuviera certeza de que lo podría llevar a donde su alma anhelaba, en seguida él mismo se ponía los obstáculos para que aquel anhelo se truncara.

Mientras el hombre contaba aquello, al maestro se le prendió el televisor en la mente y vio al hombre cuando era niño. Jugaba en un campo de tierra arada con surcos. El niñito brincaba de un surco al otro, jugando, y se devolvía, sin percatarse de que, tirado entre los surcos, había un rastrillo con las puntas hacia arriba, y, al caerse sobre la herramienta, una de las puntas le hizo una grave herida en la rodilla izquierda dejándole una fea cicatriz todavía visible, aun ahora que era adulto. El Viejo le contó al hombre lo que había visto y se disponía a explicarle la incidencia que ello tenía sobre el cuerpo causal, que tiene su asiento en las rodillas, cuando el hombre, horrorizado, salió corriendo de la sala sin terminar de escuchar el consejo. Don Rafael Dalmau, su maestro, regañó severamente al Viejo cuando éste le contó lo sucedido, y le advirtió que nunca dijera lo que veía hasta no estar seguro de que la persona estuviese pidiendo honestamente un consejo y deseara oírlo.

Un mal chiste para la antropología

El Viejo acostumbraba caminar a las 6 de la mañana. Rara vez lo hacía solo. Generalmente lo acompañaban algunos de sus alumnos más cercanos, que deseaban hablar con él, o que estaban formándose con él estudiando griego, hebreo, francés, alemán o filosofía en general. Él era una universidad dentro de la Universidad. Ya había alcanzado un gran prestigio en el país por haber ganado el Premio Nacional de Ensayo en 1981 y el Premio Nacional de Literatura en 1996.

Ese día, sólo estábamos Freddy y yo para acompañarle, pero el Viejo decidió que hablaría conmigo en esa caminata por un sendero en la montaña y, adelantándonos, quedamos prácticamente solos contemplando el Sol del amanecer. Fue entonces cuando me comenzó a hablar sobre los astros y sobre el rol que cada uno desempeña en el sistema, y su relación con el hombre. Me explicó cómo alcanzaron los antiguos un sacerdocio para cada planeta, y cómo desarrollaron la teúrgia. Yo estaba extasiado de escuchar aquel discurso que nunca había leído en ningún libro ni oído de ningún astrólogo. Y me pasó como a San Juan de la Cruz en su poema: *Entréme donde no supe/ y quedéme no sabiendo/ toda ciencia trascendiendo.*

De pronto entró como en un extraño ensimismamiento y cortó en seco la enseñanza:

–¡No sé por qué te estoy hablando de estas cosas!... –Y después de una pausa larga, agregó: –¡O tal vez sí!

Y continuamos caminando en silencio hasta llegar a su casa. Despidió a Freddy y me hizo entrar a mí. Sentados en la sala, apareció su esposa, la doctora Jacqueline, para saludar. No estaban sus hijos, Cristina tenía años viviendo en París y Ricardo hacía estudios en Alemania. Y enseguida, con esa picardía que lo caracterizó siempre, se acordó de un chiste que yo había contado en el grupo y que, a él, le había causado muchísima gracia.

–Enrique cuéntale a Jacqueline el chiste de los indios eróticos, seguro que le va a gustar–. Dijo en tono jocoso.

Yo estaba renuente, porque no tenía la confianza necesaria para echar un chiste delante de ella, que había sido mi profesora de Antropología en la carrera, y que además era Doctora en esa rama de la ciencia. Pero una orden del maestro era una orden, y comencé a echarlo:

–Regresa de lo profundo de la selva un antropólogo que había estado investigando a una determinada cultura indígena en el Amazonas. En breve, convoca a una rueda de prensa en un prestigioso salón de conferencias, con invitación expresa a grandes especialistas en Sociología, Antropología y disciplinas afines como la Lingüística. En el acto, comienza a relatar que el motivo de la conferencia se debe a que acaba de descubrir, en una etnia que él estudiaba en la Amazonía, un raro ritual erótico nunca antes visto en los anales de la Antropología. Él estaba explorando la selva cuando comenzó a caer un palo de agua que parecía un diluvio. Rápidamente corre entre los matorrales buscando refugio y llega a la puerta de una choza. Es allí donde presencia este ritual erótico: la pareja está totalmente desnuda. La india se echa sal en una mano, y con la otra se agarra un seno. El indio, en una insinuante respuesta amorosa, con una mano se agarra el miembro viril y con la otra abre un paraguas. –¿No es fabuloso?–, dice. –Ya quisiera Claude Lévi–Strauss, padre del estructuralismo moderno, haber presenciado algo así–, agrega, todo orgulloso. Entonces un lingüista, especializado en lenguas de señas, interviene para decirle que está equivocado, que eso no es ningún ritual erótico, sino que se trata de una pareja de sordomudos. La india le dice: –¡Sal a comprar leche!–, y el indio le responde: –¡La pinga, está cayendo mucha lluvia!

El Viejo se reía a reventar, pero la doctora Jacqueline no sólo estaba seria sino que en seguida pidió permiso y se retiró rápidamente.

–Ahora sí la puse–, me dije a mi mismo.

El maestro y la serpiente

El Viejo y yo habíamos ido a visitar a su amigo Nano Yépez en *El Docoro*, una hacienda inmensa que tenía él en las afueras de Carora, al centro-occidente de Venezuela. Eran amigos desde la infancia. Pocas veces hablaba de su maestro, Don Rafael Dalmau. Yo sabía muy poco sobre él. Sólo sabía que fue él quien construyó el hermoso templo rosacruz de Barquisimeto, la capital del estado Lara, cuya arquitectura rememora al antiguo Egipto. También sabía que fue por sugerencia suya que el Viejo se inició en la Masonería a muy temprana edad. Pero en ese viaje me contó algunas cosas que yo no sabía. Me dijo que el señor Dalmau tenía una extraña amistad con las serpientes. Veía con agrado cuando le obsequiaban una, y que, a veces, cargaba alguna víbora venenosa en los bolsillos de su chaqueta. Un día sorprendió al Viejo arrojándole encima una pequeña coral. El susto fue grande, pero fue la fórmula que su maestro halló para transmitirle ese carisma. El Viejo en seguida les perdió el miedo.

—Desde entonces yo las miro fijamente, les pongo mis dos manos y se me suben sin picarme—, comentó.

También me contó que fue gracias a su maestro que a él se le despertó esa virtud del televisor en la mente. El, siendo todavía joven, estaba de visita donde el señor Dalmau, a quien acudía la gente a consultarle cosas. De pronto el maestro le pidió que atendiera a una pareja que esperaba en la sala. El Viejo se atemorizó un poco porque esas eran cosas que sólo su maestro hacía. Apenas el hombre comenzó a hablar, para sorpresa suya, en su mente apareció en imágenes todo el asunto que preocupaba a la pareja. Volvemos al tema de la transmisión de carismas.

A un hombre que fue a consultar al señor Dalmau sobre fechas convenientes o inconvenientes para realizar cierto viaje, el maestro le escribió en un papel una fecha y le dijo que por nada del mundo saliera de su casa ese día. El hombre lo olvidó, salió en su carro y murió en un accidente durante el viaje. Cargaba en el bolsillo el papelito con la fecha que le había dado el maestro.

Don Rafael no tuvo felicidad en su matrimonio. La esposa se fue con un amigo de él. Entonces, buscó un tractor y demolió por sus propias manos la casa que había construido. Y pidió a Dios le concediera la ocasión de hacerle un gran favor al amigo que le había robado la esposa. Y Dios se lo concedió —me dijo el Viejo, sin explicar de qué manera.

En una ocasión el señor Dalmau invitó a todos los líderes espirituales de las diversas iglesias que había en Barquisimeto. Pastores evangélicos, ministros, curas y hasta el Obispo se dieron cita en esa cena. Entonces el maestro les dijo que, de acuerdo con lo que establecen las Sagradas Escrituras en Marcos 16: 14–18, ningún seguidor auténtico de Cristo puede temer a beber un veneno mortífero, haciéndolo en su nombre. Y les leyó el texto bíblico:

Finalmente se apareció a los once mismos, estando ellos sentados a la mesa, y les reprochó su incredulidad y dureza de corazón, porque no habían creído a los que le habían visto resucitado.
Y les dijo: Id por todo el mundo y predicad el evangelio a toda criatura.
El que creyere y fuere bautizado, será salvo; mas el que no creyere, será condenado.
Y estas señales seguirán a los que creen: En mi nombre echarán fuera demonios; hablarán nuevas lenguas; tomarán en las manos serpientes, y si bebieren cosa mortífera, no les hará daño; sobre los enfermos pondrán sus manos, y sanarán.

Entonces les sirvió a cada uno una copita con una dosis letal de 15 mg de estricnina, suficiente para sufrir un paro respiratorio en los primeros diez minutos. Pero no se atrevieron a beberlo. Decían que no era para tanto, que no siempre había que interpretar las escrituras sagradas al pie de la letra. El Obispo dijo que no había que literalizar. El Señor Dalmau sí lo hizo. Tomó su copita y, ante la mirada incrédula de todos los presentes, fue bebiendo el líquido en pequeños sorbos hasta terminar el contenido.

Sólo me resta decir que los días en *el Docoro* fueron de una placidez extraordinaria. Al amanecer practicábamos ciertos ejercicios de artes marciales bajo la dirección de Nano. Luego un suculento desayuno de arepas con queso trenzado y caraotas. En seguida, el Viejo y Nano transcurrían la mañana recitando de memoria poemas de un increíble número de autores venezolanos, latinoamericanos y españoles. ¡De memoria! Noté que mi maestro amaba especialmente un poema de Porfirio Barba Jacob, *Canción de la vida profunda*, que recitó con reciedumbre:

Hay días en que somos tan
móviles, tan móviles,
como las leves briznas al viento y
al azar.
Tal vez bajo otro cielo la Gloria
nos sonríe.
La vida es clara, undívaga, y
abierta como un mar.

Y hay días en que somos tan
fértiles, tan fértiles,
como en abril el campo, que
tiembla de pasión:
bajo el influjo próvido de
espirituales lluvias,
el alma está brotando florestas de
ilusión.

Y hay días en que somos tan
sórdidos, tan sórdidos,
como la entraña obscura de
oscuro pedernal:
la noche nos sorprende, con sus
profusas lámparas,
en rútiles monedas tasando el
Bien y el Mal.

Y hay días en que somos tan
plácidos, tan plácidos…
(¡niñez en el crepúsculo! ¡Lagunas
de zafir!)
que un verso, un trino, un monte,
un pájaro que cruza,
y hasta las propias penas nos
hacen sonreir.

Y hay días en que somos tan
lúbricos, tan lúbricos,
que nos depara en vano su carne
la mujer:
tras de ceñir un talle y acariciar un
seno,
la redondez de un fruto nos vuelve
a estremecer.

Y hay días en que somos tan
lúgubres, tan lúgubres,
como en las noches lúgubres el
llanto del pinar.
El alma gime entonces bajo el
dolor del mundo,
y acaso ni Dios mismo nos puede
consolar.

Mas hay también ¡Oh Tierra! un
día… un día… un día…
en que levamos anclas para
jamás volver…
Un día en que discurren vientos
ineluctables
¡un día en que ya nadie nos puede
retener!

Estos dos amigos tenían en común un gran amor por la
poesía, una vastísima cultura y una memoria prodigiosa para
recordar todo.

Por las tardes, sentados en hamacas, oíamos al Viejo explicar que en las escuelas de sabiduría en la Antigüedad siempre
se enseñaba desde el mediodía hasta la medianoche. Por ello
aprovechó aquellas horas, que para mí fueron inolvidables,

para comunicarnos generosamente muchos temas que se transmitían de labio a oído en las antiguas escuelas mistéricas.

Las noches se dedicaban a la meditación y a contemplar el cielo estrellado. Bajo su guía y sus explicaciones, el cielo se nos volvía un libro abierto. Era normal que a las 2 o 3 de la madrugada el Viejo me despertara sacudiendo mi hombro:

–¡Enrique anda y llama a Nano!

–¡Nano que te levantes, que vamos a contemplar el cielo!–. Cumplía yo la orden, pero Nano, con voz ronca y medio dormido, siempre respondía:

–¿De parte de quién?

Y la velada podía durar fácilmente dos horas, para tratar de conciliar de nuevo el sueño hasta antes de las 6:00, en que, entre la claridad, los gallos cantando y el mismo maestro, se encargaban de acabar con mi descanso.

Una curiosa profecía sobre el 2020

Finalizaba la década de los años ochenta. En una de nuestras reuniones mensuales —creo que fue en la del signo de Acuario—, que celebrábamos en el antiguo apartamento de nuestro amigo Leo, el Viejo nos habló sobre los grandes avances en el campo de la tecnología que sorprenderían a todos, hacia finales del siglo XX. En esos años todavía no existía el internet, ni se había desarrollado la tecnología celular. También nos habló, específicamente, sobre el año 2020. Dijo que, hacía mucho tiempo, el señor Rafael Dalmau le había instruido sobre lo que ocurriría ese año:

—Mi maestro me decía que si yo me cuidaba bien la salud, llegaría a vivir hasta el 2020. Y ustedes —se refería a los del grupo en casa de Leo—, aunque son más jóvenes, de igual forma tienen que cuidarse para llegar vivos hasta esa fecha. ¿Qué suceso importante ocurrirá ese año? Que la humanidad dejará de ser susceptible de ser manipulada por los poderes del mundo, por los poderes de la política, de los medios de comunicación, etc. A la mentira se le caerá la careta, va a ser muy difícil mentir. Por ello la humanidad va a ascender un peldaño.

Pocos años después, en 1996, el Viejo publicó su *Diario de Saorge*, editado por la Fundación Polar en una hermosa edición de pasta dura. En la página 102 de ese texto se lee:

…Debajo del altar mayor de Nuestra Señora de los Milagros un túnel secreto conecta el monasterio con las salas subterráneas de Saorge donde tres mil guerreros esperan el año dos mil veinte para incendiar el mundo. Por ese túnel pasaron los extraterrestres. Cinco monjes los guiaron.

Hoy, en medio de esta cuarentena a que nos ha obligado la horrorosa pandemia que tiene sometida al mundo, vemos, en pleno año 2020, que la profecía que nos dio el maestro hace 40 años va en camino a cumplirse. Quienes tienen responsabilidades en la economía, en la religión o en la política deben cuidar muy bien lo que dicen porque a cada instante hay un celular grabando sus actos.

Clariaudiencia

Jean Pierre era profesor de ciencias. Gustaba vivir en soledad, en las afueras de la ciudad de Mérida. Quizás había tenido unos días malos, de esos en que uno desea abrir las puertas del Hades y arrojarse de cabeza por ellas sin importar más nada.

Cuando llegamos a la reunión prevista para celebrar el solsticio estival, nos enteramos que nuestro amigo había volcado su carro hacia un pequeño precipicio, al parecer voluntariamente, pero había salido ileso, y se encontraba presente entre nosotros ese día.

Apenas llegó el Viejo, y enterado de lo que había sucedido, me pidió de inmediato que le hiciera manualmente la carta astral a Jean Pierre, para ver si había algún indicio planetario que pudiera explicar la acción que él había cometido. Tal vez un tránsito de Marte, de Neptuno o quizás de Plutón, pensé anticipadamente, mientras dibujaba la Carta.

Yo me había apartado del grupo acompañado de mi amigo y nos refugiamos en la cocina, donde estaríamos al abrigo de ser interrumpidos, y protegidos también de la algarabía que hacía el resto del grupo en compañía del Viejo, quienes habían quedado allá lejos en la sala.

Apenas comencé yo a comunicarle la gravedad de los tránsitos planetarios que pudieron haberle afectado, él, seguramente todavía influido por la misma fuerza celeste que lo impulsó al suicidio, comenzó a hablarme en un tono agresivo. Dijo que él no creía en la Astrología; que él, ultimadamente, no creía ni aceptaba nada de lo que yo fuese a decirle sobre su carta natal.

Entonces, como una exhalación, se presentó el Viejo en la cocina interrumpiendo a mi compañero en su arenga:

–¡No te permito, Jean Pierre, que trates de esa manera tan ofensiva a Enrique, que está tratando de ayudarte por petición mía!– Y le echó un regaño tan de padre y señor nuestro que yo no desearía nunca estar en sus zapatos.

La pregunta es: ¿Cómo se las arregló el Viejo para escuchar la conversación que nosotros teníamos en un lugar tan apartado, cuando él mismo estaba rodeado del ruido de voces que hablaban todas a la vez?

En una ocasión me contó Miguel Ángel Zambrano que le ocurrió algo similar. Él había ido con su esposa a visitar al Viejo a su casa, y encontraron que tenía allí a otra persona: un joven músico que también quería conversar con él. Después de las presentaciones, el Viejo se llevó a Miriam a conversar en un lugar apartado y dejó a Miguel hablando con el músico, a quien él aprovechó de hacerle preguntas sobre Paganini y sus 24 caprichos. Luego regresó el Viejo con Miriam, y el músico se despidió y se fue. Entonces el Viejo habló de primero:

–Miguel, qué interesante conversación mantuvieron ustedes sobre Paganini. Él no sólo fue un extraordinario violinista, fue también un mago y un avanzado esoterista.

¿Clariaudiencia o don de ubicuidad?

Conversando con los muertos

Yo llevaba días estudiando un manuscrito sobre talismanes que había llegado a mis manos. Se llamaba "Antiguo manuscrito de magia talismánica". El autor: un astrólogo y cabalista llamado Rafael, que había vivido varios siglos atrás. Me sentía literalmente extasiado con la lectura de este texto. Copio algunos párrafos que aparecen en la Introducción:

La Magia Talismánica es el antiguo arte de invocar y "ligar" un espíritu planetario o elemental, en un objeto metálico o de pergamino llamado talismán, por medio de la aplicación científica de ciertas fórmulas. El mago, con las vestiduras apropiadas y los instrumentos mágicos, inscribe jeroglíficos y figuras con ciertas palabras y símbolos para controlar las fuerzas invisibles de los elementos o de los cuerpos astrales.
Muchos cabalistas medievales dedicaron su vida a la práctica de la magia talismánica y la magia ceremonial. El trascendentalismo de los cabalistas se fundamenta en la tradición mágica atribuida al Rey Salomón, quien ha sido considerado durante mucho tiempo por los hebreos como el Príncipe de los magos ceremoniales. La Clave del Rey Salomón es el texto más célebre de todos los escritos mágicos y ejerció gran influencia

en la mayoría de los grimorios medievales mágicos. Aunque se desconoce la época en que fue redactada la Clave, ésta es de gran antigüedad y existe en diferentes versiones e idiomas en forma manuscrita, y actualmente hay disponible una versión de Mc Gregor Mathers realizada a partir de siete manuscritos del Museo Británico. Con respecto a los espíritus que se pueden invocar mediante las fórmulas que proporciona Raphael en este tratado, éstos pueden ser de naturaleza positiva o negativa, dependiendo de la aplicación que el mago les dé. Sin embargo, es de suma importancia mantener un control absoluto sobre ellos durante la invocación, y, sobre todo, un equilibrio perfecto, pues el menor descuido puede resultar desastroso; como ejemplo de estos resultados tomemos al demonio rojo de Napoleón y las infames cabezas parlantes de los Médici. Mientras que en el sentido positivo podemos citar al demonio de Sócrates, lo cual prueba que el estado moral e intelectual del mago tiene mucho que ver en relación con el tipo de espíritus que es capaz de invocar y controlar.

Las otras dos obras capitales de la magia ceremonial que se han usado en este "manuscrito" son los pilares en que se apoya lo que todavía sobrevive de los rituales antiguos: la *Filosofía Oculta* (1510), de E. Cornelio Agrippa (1486–1535) y *El Mago* (1801), de Francis Barrett. Aunque la mayor parte de esta última se encuentra basada en la primera, es de gran importancia por las instrucciones que proporciona en lo que se refiere a los instrumentos mágicos y la forma de confeccionarlos, así como a las vestiduras del mago y algunas formas de ritual. *La Filosofía Oculta* puede ser considerada como un resumen de todo el conocimiento mágico de todos los siglos hasta la época de Agripa, por lo cual es de gran beneficio para el estudiante que quiera incursionar en forma seria en este Gran Arte que consulte estas obras para obtener un conocimiento más completo.

Ya yo había adquirido la *Filosofía oculta,* del filósofo, alquimista y nigromante alemán Enrique Cornelio Agrippa, y también *El Mago,* de Francis Barrett (nacido en Londres, entre 1770 y 1780), por recomendación del Viejo, pero quería oír su opinión con respecto al manuscrito de Rafael, pues en esa época no existía el internet, como ahora, y me era difícil corroborar la autenticidad del mismo. Así que le llevé el manuscrito y se lo entregué.

–Dame unos días y te doy mi opinión. Búscame en Carora para hacer la "noche larga", y allí te lo devuelvo–. Me dijo en su casa, y enseguida me despidió con un abrazo.

El Viejo comenzó a entrenarnos en la práctica de hacer "noches largas" desde los inicios del grupo.

–La noche larga aquilata el alma–, nos decía.

Se realizaba siempre en los dos equinoccios y en los dos solsticios, y consistía en pasar toda la noche en vigilia, en grupo, haciendo varias actividades durante la jornada, sin que nadie pudiera quedarse dormido. En las primeras horas se leía algún texto de Platón completo, la *Consolación de la Filosofía,* de Boecio, el *Enuma Elish* que es el poema babilónico de la creación, o cualquier otro libro, generalmente de carácter filosófico, que fuese exigente para el intelecto y había que prestar toda la atención posible, sin distraerse. Sólo se permitían salidas breves al baño. Después se cenaba. En seguida venía un rato dedicado a la danza, a la música, al teatro, o a cualquier otro tipo de arte. Luego venía la parte final de la noche que consistía en contemplar una gran fogata, brincando sobre ella y permaneciendo en observación pasiva del fuego hasta que amanecía. O el Viejo nos mandaba a acostar en la hierba para contemplar el cielo abierto, tratando de reconocer si se sentía afinidad con alguna estrella en particular.

Las noches largas en Carora o en las afueras de Barquisimeto eran especiales por la presencia siempre de excelentes músicos. En esa organización generalmente intervenían Cecil y sus parientes, Juan Carlos y Cheo que tenían mucha formación musical. También participaba el "Tocayo".

Casi desde los inicios me acompañó Fernando Mora a estas noches largas, donde quiera que ocurriesen, y todo el grupo se movilizaba desde sus lugares de origen. Se organizaban jornadas de vigilancia entre dos de nosotros, con relevo cada hora para otros dos y así hasta el amanecer. Los vigilantes quedaban por fuera, mirando y cuidando por los alrededores, sin participar de la lectura, ni del fuego, hasta su relevo.

La vigilancia con Fernando era muy particular, porque él, en lugar de estar pendiente de cualquier movimiento o ataque astral que pudiese poner en peligro al grupo, siempre se fijaba, cuando todavía había luz en los preludios de la noche, dónde estaban los frutales, qué tipo de frutas había y quién las vigilaba. De modo que en las horas de vigilancia que nos tocó atender, nosotros siempre nos asegurábamos de que los mangos, mamones, naranjas, manzanas, etc. que estuviesen al descuido de sus dueños, fuesen a parar a la maleta del carro.

Cuando llegamos a Carora, en esa ocasión, el Viejo me esperaba con el manuscrito en la mano tal como me lo había prometido.

–Hablé personalmente con Rafael–, dijo. –El manuscrito es auténtico y puedes seguirlo al pie de la letra. ¡Te felicito! Desde hoy te transfiero el carisma para elaborar talismanes planetarios, y para la Astrología en general.

Me dijo eso, dándome un sonoro abrazo. Me sentí bendecido. Era el segundo carisma que me transmitía. El primero había sido el de organizar y dirigir grupos de trabajo. También me sorprendió que hubiese hablado con un hombre muerto hace varios siglos. Pero con el Viejo ya no cabía el asombro.

A partir de ese momento, me dediqué a buscar los ingredientes para preparar los perfumes e inciensos planetarios, según la fórmula de Cornelio Agrippa recogida en el manuscrito de Rafael. Muchos de estos ingredientes eran muy extraños, o no los había, y yo tuve que viajar a España y a Colombia por diversos lugares, en búsqueda de tales especies.

Por ejemplo, para el Sol se requería azafrán, madera de áloes, madera de abeto, de mirra, la sexta parte de una onza de narcótico, un grano de almizcle y ámbar gris, todo pulverizado y mezclado.

Para los talismanes de Júpiter se requería: semillas de fresno, madera o brotes de olivo, estoraque y benjuí, añil en polvo y la punta de una pluma de ave, todo mezclado en polvo en proporciones que hagan un buen olor agradable, y con ello se elaboraban las pastillas de incienso.

Cuando ya había reunido todos los ingredientes que llevaban los inciensos, decidí ir a visitar a mi maestro para mostrárselos en su casa. Se sintió satisfecho de mi búsqueda, o más bien de los hallazgos. Y, dibujando una sonrisa con los labios, me dijo:

–¡Espérame aquí que ya vengo!

Al poco rato regresó con una bolsa de tela, un poco roída por los años. La abrió y sacó de su interior un extraordinario traje azul de mago. Lo desplegó y me quedé boquiabierto contemplando aquella belleza. Era un traje de cuerpo completo hasta los pies, con mangas largas y con una capucha adherida al cuello para cubrir la cabeza. Todo en azul marino con bordaduras de oro. En el pecho llevaba un cierto número de piedras preciosas y de símbolos extraños. En la cintura, un cordón grueso para ceñirse. Me permitió tocar y sostener sus vestiduras de mago por un rato. Me sentí en una atmósfera tan íntima con mi maestro, como fuera del tiempo y del espacio, como esas experiencias extrañas en que uno se siente en otra dimensión. Aquí vi con claridad cómo se cumplía esa expresión masónica que dice "dadme la primera letra y os daré la segunda". Yo había dado el primer paso cumpliendo las instrucciones del maestro, y él dio el segundo mostrándome algo tan secreto y tan personal como su traje ceremonial. Más adelante, el "Tocayo" fue para mí de una ayuda invalorable en la confección de talismanes, pues él aprendió a elaborar el pergamino virgen de piel de cabrito de manera artesanal.

Un disfraz de mendigo

El Viejo siempre nos estimuló para que practicáramos ejercicios que provenían de diversas tradiciones espiritualistas.

–El asceta es el que se entrena haciendo ejercicios para expandir la consciencia–. Nos decía.

Hubo una época en que nos inició en la Oración del Corazón, que es una práctica emblemática de los monjes hesicastas, de la tradición cristiana ortodoxa griega y rusa. En verdad, se complementaba muy bien con uno de los doce ejercicios que realizábamos en el año. A mí me hizo leer primero *El peregrino ruso,* un hermoso relato, de autor anónimo, que cuenta las experiencias de un joven que sigue instrucciones de su maestro, un sabio staretz ortodoxo quien lo entrena en la práctica de la Oración del Corazón, y lo sigue guiando, aún después de su muerte, a través de los sueños.

Kyrie eléeson, Krist eléeson, Kyrie eléeson, va repitiendo el peregrino cientos y cientos de veces seguidas, como una letanía, o, mejor dicho, como un mantram, hasta que se produce el milagro: el corazón comienza a despertarse paulatinamente y ya no es necesario verbalizarlo con la voz porque ahora lo hace el centro cardíaco por sí solo. Y se producen en el protagonista del relato increíbles experiencias de videncia, gracias a la activación de ese chakra.

El Viejo me hizo leer, además, *La Filocalía,* un texto interesantísimo que recoge los escritos de los monjes que se retiran al desierto y alcanzan la iluminación en soledad. Y me transmitió el mantram de la Oración del Corazón completo en griego, tal como lo pronuncian los ermitaños del Monte Athos.

Leo, Orángel y yo algunas veces nos hospedábamos en la Casa de Retiro de San Javier del Valle, en las afueras de Mérida, para practicar en soledad, cada uno en su celda, por varios días, la Oración del Corazón. Una monjita nos tocaba la puerta sólo para ir a comer.

En años anteriores, el Viejo había hecho amistad con un anciano staretz muy sabio que vivía en Moscú, con quien estrechó lazos en ocasión de permanecer un año sabático completo en esa ciudad, escribiendo y perfeccionando la lengua rusa. Pasado el tiempo, él volvió a viajar a la capital soviética para intervenir en un congreso internacional, representando a la Universidad de Los Andes. Recordó al staretz y fue a visitarlo. Pero el anciano ya había muerto. En su lugar, y reemplazando al maestro, encontró a uno de sus discípulos más avanzados, y a quien él no conocía, dirigiendo la escuela. Apenas vio al Viejo, este nuevo staretz lo abrazó y le dijo al oído:

—Maestro, ¡te esperaba!

Este relato me lo hizo el Viejo en una Semana Santa, cuando acudí a su casa para preparar la secreta bebida alquímica que bebíamos en uno de esos días, y que era la coronación del estricto ejercicio de la Cuaresma. Él me fue entrenando en la confección de este maravilloso elíxir durante varios años, y, en cada ocasión, repetía el mismo método de enseñanza: colocaba sobre una mesa numerosos ingredientes para que yo aprendiera a reconocer los verdaderos con el puro olfato, y a separar los falsos. ¡Nunca me equivoqué!

Como estábamos el Viejo y yo solos, en aquel ambiente de tanta intimidad, al escuchar el relato del staretz, yo, en seguida, le pregunté:

–¿O sea que dos maestros de igual jerarquía, al verse, de inmediato se reconocen? Aunque no hayan sido presentados antes?

–Así es–. Respondió él.

–Y usted debe haber tenido encuentros con otros maestros de mayor jerarquía que la suya, supongo…–. Acoté yo.

–Me pasó en Granada, España–. Dijo, tomando un sorbo del agua que se había servido, y continuó:

–Yo fui allá, también por un año sabático, para escribir un libro sobre América Latina. Cuando llegué, me propuse conocer quién era el ser de mayor jerarquía que sostenía aquella ciudad, como los lamed–vaus de la tradición judía. Lo busqué, sin resultados, en el estrato político: gobernador, alcalde, etc. También busqué en el estamento militar: generales, coroneles, etc. Me di a la tarea de conocer a las autoridades eclesiásticas: arzobispos, obispos, etc. Nada había fuera de lo común entre aquellos hombres.

–Pero un día lo encontré– Prosiguió hablando, y le noté algo de emoción en la voz. –Yo me aproximaba a la catedral de Granada y lo vi en todo su esplendor. Estaba sentado en una de las gradas que daban acceso a la entrada… ¡Era un extraordinario ser de luz! Estaba vestido de mendigo y pedía limosnas a los transeúntes. No pude evitar quedarme observándolo por un rato. Él enseguida levantó su mirada y me preguntó, increpándome:

—¡Ya me viste! ¿Qué quieres ahora?

—¡Nada!—, le respondí, encandilado de tanta luz. —¡Sólo saludarlo! Uní mis dos manos en mudra frente a mi pecho y continué mi camino.

Un asunto con Sai Baba

Un día caminaba con el Viejo muy temprano en la mañana. Todavía no asomaba el Sol. Me contó que tenía muchas preocupaciones con su hijo Ricardo. Se había acostado pensando en eso, sin poder dormir bien. Cuando se despertó fue al baño a asearse y, al mirar el espejo, apareció en él Sai Baba que lo miraba fijamente. Luego sacó una mano fuera del espejo y, haciéndole un movimiento como de interrogación, le habló el maestro hindú con tono argentino:

–¡Pero chééé!...

Según me explicó el Viejo, Sai Baba quería expresarse en español y escogió la entonación argentina por ser muy conocida, para decirle que no se preocupara tanto por aquel asunto que le entristecía.

También me contó que Sai Baba no creaba los objetos que hacía aparecer ante la vista de la gente. Se los traía de otras partes, generalmente de las fábricas.

Las cuatro protecciones

El Viejo nos habló varias veces de ciertas entidades que vampirizan al ser humano. Le roban energía para alimentarse de ella. Sobre todo la energía emocional. Cuando vemos películas de terror y el miedo nos paraliza, aún sin ser participantes directos, la energía emocional los alimenta. También las discusiones sobre política, por eso siempre nos advertía de mantenernos al margen de tales diatribas durante las décadas de los 90´s y pasado el 2000 cuando el ambiente en Venezuela fue de tanta confrontación.

La posición de la Luna y la fase lunar en los equinoccios de Primavera siempre le permitían una lectura de cómo estaría el año.

También decía que somos vampirizados al dejarnos llevar por sentimientos de otras personas, o recordar fechas y hechos pasados donde hemos sufrido mucho y ahora revivimos esas emociones. Nos mandaba a revisar y buscar documentación sobre los vampiros, cómo es el proceso de chupar la sangre, ver los estudios que hay al respecto. Y además nos pedía que estuviésemos alertas, observándonos a nosotros mismos, ver si uno se pone más o menos bravo de lo normal.

Así como, desde el punto de vista físico, hay repelentes para los mosquitos (que son vampiros mínimos), en el mundo psíquico hay varias formas de protegernos. Una es a través de la oración, como el Padre Nuestro; como la Gran Invocación, que también es poderosa; como la Oración Universal, o la Oraison des 33 Taus.

Otra forma de protección es con una espada o un puñal que sean de acero templado, preferiblemente que hayan sido velados en una noche de vigilia. Así se convierten en una herramienta poderosa para el maestro. Para saber usarlas hay que tener iniciación como maestro masón. Las entidades astrales les tienen pánico a estas armas, las cuales hay que limpiar semanalmente.

Otra manera es tomando una cierta purga secreta en la noche de luna negra, cuyos ingredientes y forma de preparar los reveló el Maestro Ascendido Saint Germain, y cuya transmisión sólo se hace de labio a oído.

Y el cuarto método de protección y limpieza es con la quema del círculo de pólvora, que debe tener un radio de 1.25 cm desde el centro, donde se coloca el que ha de limpiarse, hasta la circunferencia.

El Viejo también decía que para quitarse el apendejamiento se debe poner una gota de alcohol en la coronilla, o agua o hielo en la nuca, o detrás de las orejas.

—Cuando se tiene un problema con alguien, hay que darle solución de una vez y no quedarse con el reconcomio o con el malestar—. Decía el Viejo en las reuniones. —Es muy benéfico cultivar el humor, uno se beneficia con los juegos que inventan otros.

En cierta ocasión habló de una especie de vampiros que se alimenta del semen del hombre y de las secreciones vaginales de la mujer. Se meten por el ano y producen sueños eróticos. Proliferan a gusto en los prostíbulos.

Para protegerse de estas entidades, sobretodo cuando se hace cuaresma en que hay voto de castidad, se coloca una pizquita de mentol chino entre el sexo y el ano antes de ir a dormir. O un toquecito de aceite de oliva con alcanfor en ese mismo lugar, y en el plexo solar.

Y valoraba enormemente el humor, como fórmula mágica contra todos los males. Atenderse a uno mismo con buen humor.

Hay otra modalidad de trabajar de esos vampiros: el rumor. Los rumores sobre asuntos políticos o económicos, o sobre desastres, producen zozobra, ansiedad, angustia, lo cual es un buen alimento para ellos. "Se acabó la gasolina", "no va a llegar más el gas", etc., son rumores ideales para crear consternación. Y la mejor medicina siempre es el humor. El humor deshace la rigidez de esas emociones y a los vampiros mismos.

En *Dóulos Oukóon*, una de sus primeras obras, publicada en 1965, disfrazando la realidad con una aparente ficción, dedicó el capítulo "SA" completo a hablar sobre las entidades que vampirizan a los seres humanos:

Las ideas dominan los actos de los hombres con el objeto de alimentarse: los obligan a producir ciertas emociones, ciertos movimientos, ciertas palabras que devoran ávidamente. Alguna especie de ideas necesita la ira, la violencia y la maldición, Otra prefiere la angustia, el temblor y el sollozo. Otra la indignación, la altivez y el discurso arrogante. Son legión.

… Vi como una especie de ideas dominaba poco a poco a casi todos los habitantes de un país y los conducía a la guerra. Me asquea todavía el recuerdo de los festines sobre las concentraciones militares y los campos de batalla. Clavaban las curvas uñas en los ojos de los jóvenes y les picoteaban el corazón entre chillidos, absorbían impúdicamente los efluvios del páncreas y se tragaban con glotones tragos sucesivos los largos gritos, interminables como intestinos… (pp. 26 y 27).

Hay una especie que domina a los adolescentes para vivir de su embriaguez y su lujuria. Otra se los disputa para hacerlos producir un néctar purulento llamado lucha por un ideal político. Otra, muy peluda, les exprime y les chupa un jugo nauseabundo conocido como fanatismo religioso por los hombres que están despertando. (P. 27).

…Lo que debes recordar no pertenece al pasado. Está fuera del tiempo. (P. 31).

El viejo y la Masonería

Ante la vastedad de libros y artículos escritos por el Viejo, podemos preguntarnos: ¿escribió sobre Masonería?, sabiendo —como sabemos quienes le conocimos y tuvimos el privilegio de su cercanía durante más de 40 años— que él nunca hablaba abiertamente de Masonería, ni de su condición de Masón. Con esa discreción —pudiésemos decir "hermética"— que lo caracterizaba, jamás habló de poseer el Grado 33, cosa que nosotros descubrimos tardíamente no por él, sino por boca de otros amigos.

Y a pesar de hablar tan poquito, siempre con voz muy baja y con un profundo respeto sobre los temas masónicos, podemos encontrar, al menos en tres de sus libros —escritos en los últimos tres años antes de su partida, relatos muy decidores, muy claros y muy amplios sobre lo que pensaba acerca de los grandes e importantes temas que eran de su conocimiento, producto de su reflexión creativa y que provenían, sobretodo, de las vivencias y cercanías con su maestro, Don Rafael Dalmau. Tales libros son: "El garrote y la máscara", editado en 2001 y al que llamaremos "Libro 1"; "3 x 1 = 4 retratos", editado en 2012 y al que llamaremos "Libro 2"; y, por último, "Dios es mi laberinto", publicado en 2013 y al que llamaremos "Libro 3".

No quiero hacer aquí ningún análisis literario, ni una exégesis de contenido de los libros señalados. Lo único que haré será mostrar, poner sobre la mesa, extraer algunos fragmentos, con el único fin de que podamos cobrar algún salario y decir –como dijo San Juan de La Cruz– "...toda ciencia trascendiendo".

Libro 1: *El garrote y la máscara* (año 2011).

Muchos creen que el amor es cuestión de sexo y reproducción. El genio de la especie engaña a los individuos para que garanticen su continuidad. Los seduce con belleza y placer; pero los sacrifica para que la especie continúe. Los individuos tratan de engañar a la especie: sacarle la belleza y el placer sin darle reproducción. (P. 33).

Y luego, en una frase magistral que habla sobre la inmortalidad:

"Te amo porque detrás de ti hay un camino hacia fuera de la vida. ¿Me acompañas?" (P. 34).

Y esta otra frase que nos pone en alerta sobre el sentido del amor en la visión tántrica:

"Sobre el cadáver del amor avistarás tu meta verdadera: el otro amor, el que mueve al sol y a las demás estrellas". (P. 36).

Y en abierta alusión al Grado 6 del escocismo masónico:

"Ocho días más tarde decidí volver a la ciudad de los lagos verdes para saber qué más había pasado. Curiosidad. La curiosidad mató al gato, pero la satisfacción lo revivió. Hay maestros por curiosidad". (P. 105).

Libro 2: *3 x 1 = 4 Retratos* (año 2012).

Aquí el Viejo narra que acompañó a su maestro a reparar el motor de un trapiche donde se molía caña:

"Regresando me contó la historia de un gran maestro de la antigüedad hebrea llamado Hiram, herrero consumado, y del dios griego doble cojo, Hefesto, constructor del escudo de Aquiles, escudo lleno de símbolos sagrados". (P. 97).

Y luego comenzó a hablar más abiertamente de la Masonería, de algunos símbolos y de la iniciación:

"Volví a ver ese extraño dibujo en la pared al lado de la entrada a su escritorio: un compás sobre una escuadra, las puntas del compás hacia abajo, la escuadra con sus dos patas hacia arriba. Se formaba una especie de cuadrado irregular y en el medio estaba dibujada la letra G parecida a una serpiente. Pregunté por fin. No quería ser curioso.
"Es un símbolo masónico. Son dos instrumentos de dibujo y de albañilería con un significado a descifrar. Masonería. Yo había oído esa palabra sin entenderla. Me atreví a preguntar".
"Es una fraternidad de albañiles, de constructores de catedrales. Sus actividades y sus instrumentos pasaron a ser símbolos".
"¿Símbolos de qué? Me atreví a preguntar. No me respondió directamente. Desvió la pregunta. Para comenzar a interpretar los símbolos es necesario iniciarse y comenzó a hablar del arte culinario".
"Pero yo insistí. ¿Qué es la iniciación? Es la forma de ingresar en la fraternidad. Cosas de adultos. Hay que cumplir veintiún años y tener de qué vivir".

…"Es una fraternidad para ayudar a conocerse a sí mismo y a escudriñar el sentido de la vida individual así como la finalidad de la humanidad sobre el planeta. También sirve para ayudar a ser útil".

…"La masonería, con todos sus grados, secretos y misterios no es sino la forma externa de una enseñanza antigua, de un saber de salvación. Es una puerta abierta para los verdaderos buscadores. Los buscadores superficiales se entretienen con los símbolos, sin entenderlos de verdad, pero mantienen abierta la puerta de la sabiduría".

"Sin embargo, la práctica minuciosamente exacta y perseverante del rito, aún sin comprenderlo, activa en el alma estructuras virtuales, dormidas, que de esa manera se despiertan progresivamente pagando al practicante un salario supersustancial para alimentar o satisfacer el anhelo de verdad y belleza". (P. 104).

Más adelante aclara:

"Sobre la iniciación masónica no me está permitido contar nada". (P. 107).

Sin embargo sí narra algunos incidentes extraños ocurridos antes de la iniciación, como que lo agarran, lo vendan, lo maniatan y lo rodean con cadenas. Y él, sin percatarse de que eran los hermanos masones que ya lo llevan a iniciarse, cree que son unos malhechores que lo han secuestrado.

Me hicieron bajar por una escalera inestable hasta un lugar subterráneo donde me quitaron la venda, los amarres y las cadenas sin dejarse ver y me abandonaron en ese lugar frío y húmedo adornado con huesos humanos y otros signos de la muerte. Letreros amenazantes y una mesa donde yo debía escribir mi testamento. Pero yo no tenía bienes.
De repente se me ocurrió pensar que aquello era parte de la iniciación o alguna preparación para ella. Si son los masones,

me dije, deben ser una caterva de psicópatas crueles. Pero no podía ser. Mi maestro no podía permitir que yo cayera bajo el poder de malhechores perversos. (P.108).

Y, ya finalizando el libro, vuelve sobre el trascendente tema del tantrismo, tan caro a sus profundas reflexiones:

…El señor Dalmau me explicó: "el enamoramiento y el coito derrochan las fuerzas del alma y del cuerpo cuando se derraman sin freno. Esas mismas fuerzas bien administradas y dirigidas pueden conducir a la iluminación, a la intuición mística suprema sin disminuir el goce erótico, potenciándolo más bien. Tantra es el nombre de esa sabiduría. (P. 119).

Libro 3: *Dios es mi laberinto* (año 2013).

En este maravilloso libro, nuestro querido Viejo, haciendo gala de su gran sapiencia, nos regala sus luces y conocimientos sobre el ágape fraternal y sobre la sexualidad como vía para trascender. Allí nos dice:

La única experiencia mística que conozco es la sisitía, la comida en común. Un grupo de amigos se reúne para hacer comida y comerla con acompañamiento comedido y alguna bebida espirituosa.
Se produce en la sisitía una reconciliación con el universo, con el bien y el mal, con la alegría de vivir. Sin compromisos doctrinarios, sin dogmas, sin búsquedas de poder. Cuando la sisitía es así, pues sé que suele contaminarse con intenciones manipulativas, pero basta un payaso, una hetaira, un homo, para amellar ese filo.
El acto de comer en común es una reconciliación con el mundo y con la muerte. Se abandona momentáneamente la individualidad para convertirse en un ser más amplio, pero no de manera definitiva, ni mucho menos como gota en el mar. (P. 47).

Y, más adelante, expresa su curioso –por no decir extraordinario– entendimiento sobre la comida fraternal y sobre el coito:

> …a Dios se llega solamente por la mesa y por la cama. El placer gastronómico y el placer sexual llevan entrambos al corazón de la Divinidad, al entendimiento transracional de lo divino, a la iluminación del alma.
> …los seres humanos… buscan y encuentran en la comida la comunicación con el universo. Los seres humanos, más intensamente humanos entran, a través de los alimentos, en comunicación con la naturaleza, con el mundo. Para ellos, comer es una experiencia mística…. (P. 100).
> …el placer sexual, en su dimensión altamente humana, tiene que ver con el reconocimiento y la aceptación del otro, del tú. Y, al aceptar al otro, se reconoce a sí mismo de modo que puede pasar al nosotros, a la dimensión de fraternidad donde habita lo sagrado, lo divino.
> La caricia erótica consciente llama a la chispa celestial, el relámpago de plenitud, la presencia de aquél cuyo signo es el relámpago. El relámpago del orgasmo es la llegada a Dios. (P. 101).

Y quiero, finalmente, cerrar esta selección de textos tan útiles a la reflexión, trayendo este pensamiento de nuestro querido maestro que me hace pensar mucho sobre los objetivos y alcances de las escuelas de sabiduría, antiguas y modernas, pues nos introducen en el mundo tenebroso, más allá de toda razón:

> …ustedes son malos buscadores, buscan en la luz del pensamiento racional, en la luz del intelecto; esa luz sirve para hacer ciencias naturales y sociales y para hacer negocios comerciales y políticos… Lo que estás buscando… debe buscarse en la tiniebla. La tiniebla es una luz de otro género. La tiniebla surge ardiendo desde tu corazón…, la noche es tu madrina. (P. 69).

Despedida y reencuentro

El 31 de octubre de 2014, a sus 85 años cumplidos, el Viejo se despidió de este mundo. 31 es un 13 al revés. 85 = 8+5 = 13. El 31 de octubre es el grado 8 del signo de Escorpión. Es decir, es el grado 8 del signo 8, y también corresponde a la casa zodiacal número 8, casa de las transmutaciones, de la muerte y la resurrección, y es el número del infinito. Es el mismo día en que los celtas celebraban la fiesta de Sanhaim, cuando se une el mundo físico con el espiritual. No me cabe duda de que al maestro lo sorprendió la muerte muy despierto. Y, en verdad, no creo que lo haya sorprendido: pasó toda su vida preparándose para ello.

Un poco más de un lustro después de su último encuentro con el grupo X3, le dijo adiós a esta experiencia de vida, por la cual transitó acumulando sus denarios. Trabajó incansablemente hasta sus últimos días, escribiendo, enseñando hebreo, dictando sus seminarios, atendiendo a sus jóvenes estudiantes, y repartiendo generosamente ese inmenso saber que había acumulado a lo largo de toda una vida dedicada a la investigación y al estudio, a reflexionar y a meditar —tenía una capacidad increíble para inventar técnicas y métodos de meditación–, para aprender a despertar y movilizar el centro de consciencia a voluntad, tal como hacen los lamas tibetanos. Y su gran pasión fue siempre la enseñanza, con la que encendió una poderosa llama de luz en muchos de nosotros. Nos toca ahora reencontrarnos con él, continuando su legado.

Una vez le pregunté al Viejo:

–¿Qué ocurrirá cuando usted no esté entre nosotros?

–Lo que une el amor nada lo puede separar. –Me respondió, y agregó en seguida: –Siempre estaré cerca de ustedes, cada vez que me necesiten allí estaré, me estoy preparando para eso.

Una semana después de haber trascendido de este plano al otro, se presentó en mi sueño un maestro ascendido llamado Sinayn. Tenía rasgos asiáticos, y me contó que su última vida había transcurrido en el Japón del siglo XI como un sanador Reiki. En seguida continuó:

–Algunos de ustedes están ahora tristes y acongojados por el maestro que acaba de partir, pero no deben llorar por ello porque él murió despierto. Y cuando digo "despierto" no quiero significar que murió con los ojos abiertos, sino que murió con la consciencia despierta. Nosotros, los maestros ascendidos, estamos muy contentos con la llegada de él a este plano, pues tan pronto como se adapte bien nos va a ayudar en nuestras labores. También Elohim está contento con la misión que él desarrolló en su vida, pues ayudó a despertar a muchos.

Y al año siguiente, cuando se cumplió el primer aniversario de la partida del Viejo, el 31 de octubre de 2015, dedicamos una meditación a su memoria. Entonces, por la noche, se presentó el Viejo en mi sueño. Su cara irradiaba alegría. En seguida comenzó a decir que estaba muy contento y complacido porque lo habíamos recordado en este primer aniversario de su partida.

–Me encuentro muy bien, Enrique. Estoy en una Escuela de Luz, haciendo las actividades que hacía cuando estaba entre ustedes: enseñando, porque es lo que yo sé hacer. Me contenta que ustedes mantengan la continuidad de mis enseñanzas en sus grupos. Y, de verdad, me siento muy regocijado porque hay una multiplicación de seres que buscan una Luz a través de la masonería–.

Estábamos parados en la entrada de una gruta. Tenía un portal ancho y muy alto, por donde cabía mucha gente. No sé por qué me recordó a la "Cueva del Guácharo", en el oriente venezolano. La anchura se iba reduciendo a medida que penetrábamos en la caverna, de manera que, en el fondo, se veía una pequeña abertura de salida por donde apenas cabía una sola persona. Yo enseguida pensé en la gruta que encontró Ulises cuando regresó a Ítaca, ayudado por los feacios, después de andar muchos años perdido, deambulando en el mar de las emociones. "Dos puertas tiene el antro –dice Homero–: la una mira al Boreal y es accesible a los hombres; la otra, situada frente al Noto, es más divina, pues por ella no entran hombres, siendo el camino de los inmortales". También pensé en la "Cueva de Montesinos" adonde penetró el Quijote. Ambas eran claras alusiones a las escuelas de sabiduría. Nos detuvimos en la mitad del recorrido y nos sentamos a descansar en una roca. En seguida el Viejo continuó hablando:

–Ustedes son como mis hijos, porque buscando la Luz me encontraron para yo dar mis enseñanzas en este planeta Tierra, y en ello me involucraron. Por eso me siento realmente realizado, porque por encima de dificultades y tropiezos, tuve la perseverancia para seguir siempre en el camino correcto, en la escuadra, en las enseñanzas masónicas, las cuales me han dado ahora la posibilidad de ir a Escuelas de Luz, a dar luz a seres que andan buscándola, y que retornarán siguiendo ese camino para descubrir la Luz a muy temprana edad–. Luego de una pausa, continuó:

–Enrique, debes seguir el camino de la Luz, que no es fácil. Es un camino con piedras, con escollos, con dificultades, con estaciones, con paradas, pero lo importante es seguir siempre adelante, sin decaer, sin desmayar. El camino que se recorre buscando la Luz no es fácil. Ustedes saben por todo lo que yo tuve que pasar y nunca me vieron decaído, a pesar de los escollos que encontré en mi camino. Yo, en verdad, estoy muy feliz donde me encuentro, y me gustaría, más temprano que tarde, retornar al mundo, porque mi misión aún no ha concluido. Exprésales, a todos los buscadores de la Luz, que perseveren en ese camino, que ese camino es el que permite poder iluminarse, y la iluminación es imprevista, llega en el momento que menos se espera. Y, por ella, vale la pena perseverar. Yo, en verdad, nunca me he ido, ni me iré del lado de ustedes, porque la conexión masónica no se borra. Estoy muy agradecido del cariño, del aprecio y del amor de ustedes. Reconozco mi dureza al enseñar, pero también reconozco que con ella logré grandes avances en ustedes. Tú eres para mí como un hijo, un hijo espiritual, y estoy muy orgulloso de ti, porque siento que estás haciendo lo que debes y lo que yo quería, que es enseñar este camino a los seres de Luz, a los buscadores. No dejes de hacerlo nunca, por encima de todo y de todos, es la misión que te corresponde y no debes abandonarla jamás. Los seres que estamos en misión espiritual, tenemos el mazo y el cincel que nos permite esculpir nuestra propia piedra. El espíritu es la llama que nunca jamás se apaga, en la medida que se le dé continuidad al trabajo espiritual. Yo seguiré aún en donde me encuentro, dando cuenta de la multiplicación de los denarios que me fueron entregados, para hacerlos crecer, para acumular más y más cantidad y calidad. En verdad mis denarios son ustedes, los seres que han aceptado el camino de la Luz. Estoy muy agradecido por el amor de ustedes hacia mí, yo lo reitero también. Sabes que nunca los abandonaré, porque los hilos del amor nunca se rompen, y si son hilos de amor filial, menos aún–.

Comenzamos a caminar nuevamente hacia el interior de la cueva. En una de las estancias había un letrero incomprensible que decía "VITRIOL". En otra se leía "OPUS NIGRUM". Hacia la derecha "ALBEDO". Más adelante, "RUBEDO". A medida que el techo disminuía su altura, agaché la cabeza para no tropezar con una estalactita que tenía forma de niño, y, bajo el efecto de la luz que venía de la entrada, lucía de oro macizo. El Viejo me hizo una señal para que me detuviera. Comprendí, al igual que Virgilio en la Divina Comedia, que yo no podría avanzar más allá de ese punto en que me encontraba. El maestro comenzó a hablarme de nuevo:

–A decir verdad, estoy muy contento y feliz donde me encuentro, y lo que lamento positivamente es no haber terminado mi último libro que quedó inconcluso, pero aun así, quisiera que lo publicaran. A ustedes les doy mi bendición masónica, porque es lo que yo siento. Por encima de todo soy un masón que luchó y luchará por la libertad, la igualdad y la fraternidad. Agradezco a quienes trabajaron conmigo sus pensamientos hacia mí. Desearía que me recuerden como yo era en vida, a través de mis cosas bonitas, si las tuve para us-

tedes. Sabes que los llevo conmigo en donde me encuentro–.
En este punto me quedé mirándolo y le hice esta pregunta:

–¿Maestro, qué título desea para su libro?

–El libro no tiene título. Léanlo y se lo colocan en función del contenido de los escritos que he dejado. Quisiera que ustedes se encarguen de ello. Tomen varias posibilidades y la que sientan que a mí me pudiera ser más cercana, se la colocan. Aquí donde estoy sigo escribiendo otros libros a otros seres de Luz que hay más allá de la vida–.

–Maestro, mi agradecimiento infinito para usted–. Le dije, y crucé mis manos por delante del ombligo. El Viejo, en seguida, se puso muy erguido, y elevando sus manos, las cruzó encima de la cabeza con las palmas hacia arriba. Si hubiese estado mi madre Ana Aurora lo habría reprendido, pues a mí, de niño, me decía que ponerse las manos así en la cabeza era malo, porque uno podía ver al diablo. Y, en esa posición, el maestro continuó hablando:

–Cuando ustedes se reúnen para celebrar tenidas masónicas o cuando hay asuntos importantes, yo siempre estoy entre ustedes. Pido el permiso y estoy allí. De verdad estoy contento por la multiplicación de flores en la logia. Lo que más deseo es que puedan avanzar y sentir que vale la pena recorrer ese camino, para llegar a la Luz. Ahora me despido, no puedo estar aquí ya más tiempo. De aquí en adelante debo seguir solo hacia la puerta de los dioses. Estoy muy agradecido con ustedes por tenerme en su corazón. Díganle a mi esposa que la amo, y a mi hija, que ella es masona. Todo está cumplido. El amor nos doblega a todos, Enrique, hasta siempre.

APÉNDICE 1

Recuerdo y respeto
para el héroe nacional

Jonuel Brigue

Señores:

Cuando supe que yo había sido propuesto como orador de orden para este acto en representación de la Universidad de Los Andes y del resto de las universidades del país, me sentí muy honrado. "Por iniciativa de los rectores de las universidades nacionales", rezaba la comunicación oficial, "se ha convenido celebrar, en este año Bicentenario del Natalicio de El Libertador, varios actos de carácter nacional que testimonien el recuerdo y respeto de los universitarios por el héroe nacional". "Entre los actos", agregaba, "habrá de celebrarse una sesión en el Palacio de las Academias en Caracas, el 24 de junio en horas de la noche, con motivo de cumplirse un aniversario más de la Promulgación de las Constituciones Republicanas mediante la cual El Libertador creó la Universidad Autónoma y Republicana de Venezuela".

Acepté complacido y abrumado por la ocasión de hablar ante personas tan distinguidas, sobre un tema tan importante, en el lugar olímpico de la intelectualidad venezolana. Releí los Estatutos Republicanos de la Universidad Central de

Venezuela sancionados por Simón Bolívar el 24 de junio de 1827, recogidos por Ildefonso Leal, ciento cincuenta años más tarde y publicados por la Universidad Central de Venezuela en junio de 1977 para celebrar el sesquicentenario de su existencia republicana. No podía escapárseme que el 24 de junio es también aniversario de una gran victoria militar de Simón Bolívar y cómo olvidar que San Juan Bautista, patrono del día, esconde a los dioses paganos del solsticio estival.

Todo esto, en un año de Cléones y Alantopoles, me ofrecía fáciles ventajas retóricas para exaltar la figura del Padre de la Patria en sus innegables méritos militares y civiles; haciendo valer su pensamiento y su obra en lo que tienen de radical y de actual para nosotros los de hoy; dejando resonar largamente su verbo de admonición para alimentar la esperanza de días mejores en que, gracias al coordinado esfuerzo colectivo, llegara a ser fuente de orgullo para nosotros la nación venezolana, digna hija de tan digno padre; destacando, en fin, el papel protagónico de la Universidad Autónoma en tan magna tarea, mientras ponía en evidencia la referencia astronómica de la fecha como parámetro cósmico.

Podía, sin duda, declinar esas ventajas retóricas, no muy cónsonas por cierto con la dignidad académica, y transformar mi discurso en una especie de ensayo erudito sobre las ideas de El Libertador en materia cultural, rastreando sus orígenes y poniendo de manifiesto al mismo tiempo su originalidad, para colgar un nuevo retrato suyo, hecho de palabras, en este recinto, continuando así una tradición iniciada por la Universidad Central de Venezuela al poner un retrato de Su Excelencia en la Sala de Sesiones del Claustro, como primera resolución después de la promulgación de los estatutos. Pero me pregunté si yo quería prolongar el linaje insigne, multitudinario de los retratistas de El Libertador, callando lo que sé.

Yo había aceptado decir este discurso, complacido y abrumado por el honor. Ahora me preguntaba si no corría peligro de hundirme en el deshonor y la vergüenza, ante mis dioses, contribuyendo indirectamente a mantener mentiras convencionales por timidez en el ejercicio de la libertad de palabra. Decidí entonces que manifestaría respeto a El Libertador y a mis oyentes diciendo la verdad.

Guíeme Tucídides, el testigo por antonomasia, el escrutador y paradigmático atestiguador del devenir humano. En su i(storiw=n b, XLIII pone Tucídides en boca de Pericles las siguientes palabras:

Ἀνδρῶν γὰρ ἐπιφανῶν πᾶσα γῆ τάφος, καὶ οὐ στηλῶν μόνον ἐν τῇ οἰκείᾳ σημαίνει ἐπιγραφή, ἀλλὰ καὶ ἐν τῇ μὴ προσηκούσῃ ἄγραφος μνήμη παρ' ἑκάστῳ τῆς γνώμης μᾶλλον ἢ τοῦ ἔργου ἐνδιαιτᾶται.[3]

Paso a interpretar esta cita como quien interpreta una escritura sagrada porque Tucídides, cuando habla del hombre, no emite conjeturas, sino que pone en verbo para siempre su visión clara y verdadera de la condición humana. Despliego y explico la coherencia sintética de su prosa ática en forma analítica por medio de enunciados distintos:

1. Existen hombres excepcionales (extraordinarios, sobresalientes, superiores) reconocibles porque su conducta comunica con profundos intereses de sus pueblos y de la

---

3 Tucidides, *Historia de la Guerra del Peloponeso*, Libro 2, Cap. 43. *"La Tierra entera es la tumba de los hombres ilustres, y no sólo en su patria la inscripción se indica en las estelas, sino que incluso en cada persona pervive un recuerdo no escrito, un recuerdo que está más en los sentimientos que en la realidad de una tumba"*.

humanidad toda al par que interviene poderosamente en las circunstancias inmediatas.

2. No quedan enterrados en sus tumbas, sino sembrados en toda la tierra.

3. Su existencia es señalada oficialmente por medio de un culto expresado en inscripciones sobre piedra, estatuas, homenajes, ceremonias cíclicamente repetidas, coronas de flores y de palabras, gestos ritualizados.

4. Su existencia, por otra parte, habita sin señalización en cada uno, como presencia innominada más cercana a su corazón que a sus actos.

Sus actos, hechuras y hazañas, fueron el empalme entre su corazón, conectado con el corazón colectivo, y las circunstancias históricas donde actuó. El alto centro de pensamiento y afectividad, llamado aquí corazón, origen de conocimientos ciertos y voluntad eficiente, producirá, si está vivo, nuevos actos –hechuras y hazañas– para enfrentar las nuevas circunstancias históricas.

Veamos a Bolívar y a Venezuela a la luz de Tucídides:

1. Simón Bolívar fue sin duda un hombre excepcional. Comprendió el puesto de América en el mundo y logró cohesionar durante unos tres lustros los discursos heterogéneos del pueblo para conducir un movimiento de liberación política que nos hizo pasar de colonias a repúblicas como parte de un movimiento planetario hacia la dignidad y la autonomía del género humano en sus diversas variantes culturales.

2. No quedó enterrado en su tumba, sino sembrado en toda la tierra. Su nombre y su obra son recordados con admiración y agradecimiento mucho más allá de su país natal por hombres de otras patrias y de otras lenguas, que se inspiran en él.

3. Su existencia es señalada, recordada, alabada, adorada por un culto oficial que llega a su fortíssimo durante este año bicentenario de su natalicio al cual pertenecen este acto y este discurso.

4. Su existencia habita sin señalización en cada uno de nosotros como presencia innominada más cerca de su corazón que de sus actos. En todos —aunque en algunos de manera muy débil— alienta el anhelo de plenitud, "de libertad y de gloria" como diría él. Colectivamente, tal como pudo verlo Augusto Mijares, hay un estrato del psiquismo nacional donde germinan de manera silvestre las virtudes humanizantes sin las cuales ningún país llega a ninguna parte.

Y sin embargo, me veo obligado a decir algo que no es contradictorio con lo anterior pero sí paradójico y menesteroso de explicación, no sólo en el discurso sino también y sobre todo en la realidad. Yo no he estudiado en vano, yo no he vivido en vano, yo no he tratado de comprender a mi país en vano. Yo sé que Simón Bolívar no es el Padre de la Patria. Yo sé también que Venezuela no es una patria.

Este país pertenece a una región del mundo que dejó de ser colonia española gracias a la gesta emancipadora encabezada por Bolívar; pero se constituyó como estado separado en contra del pensamiento y la voluntad de Bolívar, en contra de todo lo que Bolívar significó para sí mismo, en contra del corazón de Bolívar. Venezuela por no ser más colonia española da testimonio de la gran victoria de Bolívar, pero por ser estado separado de la Gran Colombia da testimonio del gran fracaso de Bolívar. Su propia victoria militar, más que su enfermedad y su muerte lo hicieron fracasar como organizador de estados, porque los heterogéneos discursos que logró cohesionar para la primera tarea, al dispersarse de nuevo sin el freno español y sin el suyo, sólo válido en guerra, condujeron a la multiplicidad caótica que hoy nos impide pronunciar palabras salidas del corazón colectivo, palabras que él sí oyó y dijo pero nosotros no queremos oír, hipnotizados por pequeños poderes.

Nacida traumáticamente de la fragmentación de un gran sueño, Venezuela es un ámbito geográfico y administrativo. Los despojos territoriales nunca le han dolido realmente porque no es el cuerpo de una patria, sus límites son imprecisos y negociables como propiedades materiales no irrigadas por sangre común, no inervadas por un sistema vivo. Dentro de ese ámbito geográfico y administrativo hay muchas patrias pequeñas, amados terruños alimenticios que no llegan a configurar un todo orgánico, yuxtapuestos, imbricados, superpuestos, interpenetrados se continúan más allá de las fronteras sin sentirlas.

Tal situación en sí misma no entraña una desgracia irremediable y tal vez no es una desgracia. Muchas patrias han comenzado siendo conglomerados de pequeñas patrias recíprocamente hostiles. Otras han comenzado como fragmentos de un todo despedazado. Lo múltiple y diverso puede articularse en una totalidad de sentido donde las partes conservan individualidad autonómica o se van fundiendo en unidad superior donde quedan superadas y conservadas. La culpa edípica puede asumirse conscientemente transformándola en responsabilidad adulta. El hombre es músico y puede componer estados polifónicos; tendrá que componerlos.

Ese estado de cosas no es nuestro problema fundamental. Cuando nos observamos a la luz de Tucídides vemos claramente la fractura, el quiebre radical de nuestro país. A saber: la discontinuidad escenificada históricamente por nosotros entre los enunciados tercero y cuarto vistos en el despliegue y explicación de la frase puesta por Tucídides en boca de Pericles. El culto oficial a Bolívar, característico y definitorio del estado republicano, no guarda continuidad con la presencia innominada de Bolívar en nosotros más cerca de su corazón que de sus actos. El poder político venezolano, después del corto lapso de estupor que siguió al parricidio, recuperó el cadáver de Bolívar y lo hizo objeto de un culto supersticioso que encubre el terror de su resurrección y garantiza su muerte separándolo de la tierra donde podría germinar. La presencia viva e innominada de Bolívar, común a las muchas patrias pequeñas, permanece en estado embrionario porque no tiene acceso a la toma de decisiones, no tiene respiradero político. El culto a Bolívar es una fachada; el poder político se asumió como reparto y rapiña, erigido sobre el desvencijado aparato institucional de la colonia española, apuntalado por instituciones emprestadas a la Europa segunda. Se afianzó e hizo escuela un linaje hasnamousiano de hombres de presa que sólo conocen la pandilla como forma de organización y la astucia como virtud suprema.

He sufrido cincuenta años de historia de Venezuela; para comprenderlos he tenido que ir más allá de la rimbombante y hueca retórica de los militares convertidos en déspotas, más allá del asqueroso parloteo de los demagogos, más allá de los planteamientos ideológicos precariamente legitimadores de los poderosos y de los aspirantes al poder. Siempre he visto el deseo de servir a la formación de la patria atropellado por intereses egoístas, pero renaciendo siempre. Todo el que quiere servir a un propósito común encuentra que su vida es una aventura individual en un mundo caótico.

Me limito a los últimos cincuenta años por la cercanía vivencial y no puramente académica. Dos circunstancias los han caracterizado: el sostenido crecimiento demográfico y el acelerado aumento simultáneo de los recursos fiscales. Ante esas dos circunstancias hubiera podido esperarse de parte de los dirigentes del país una acción creadora de cultura, prosperidad y patria. Por una parte, una gran población mestiza descendiente de esclavos negros, indios derrotados y blancos de orilla, en pésimas condiciones de vida, habitada por un anhelo legítimo y ciego de superación; por otra parte, grupos privilegiados constituidos por descendientes de mantuanos, neocriollos y arrivés del caudillismo militar, que no sintieron nunca a los otros como integrantes de la misma patria porque no hay noción de patria. ¿Cómo hubiera podido esperarse de ellos una acción creadora que fuera más allá de sus intereses de grupo concebidos con ojo de ratón? Claro está que concebidos con ojos de águila y en contexto mundial los hubieran llevado a intentar por lo menos la formación de un estado respetable con ciudadanos capacitados para vivir y no sólo sobrevivir. No ocurrió así; no ha habido constructores de patria ni estadistas. Pero como el sostenido crecimiento demográfico potenciaba la peligrosidad social del legítimo y ciego anhelo de superación, mientras el acelerado aumento simultáneo de los recursos fiscales, remota herencia tectónica validada por la civilización industrial, posibilitaba la movilidad vertical y horizontal, y permitía aliviar, disminuir, engañar, postergar la peligrosidad social de los pobres, se perpetuaron y afianzaron las reglas del abyecto juego político que nos hizo nacer como ámbito territorial y administrativo que no como patria. Sobre los caudillos militares fueron prevaleciendo caudillos civiles, más aptos, en las nuevas circunstancias, para el reparto entre los que lograran movilizarse verticalmente por medio de partidos constituidos ad hoc, encargados de enseñar a círculos más amplios las reglas del juego, garantizar su cumplimiento y premiar según ellas a las pandillas más aptas en el manejo de la violencia y la astucia.

Como, además, en el mundo actual circulan ideas por todas partes, se procedió al encubrimiento ideológico de esa situación de hecho con doctrinas de valor estrictamente retórico, pastiches verbales, cacareo de progreso, desarrollo, planificación, revolución como ritual manipulatorio.

Para entender este acontecer no hace falta utilizar categorías específicamente humanas; bastan las mismas que se utilizan para entender etológicamente la conducta de poblaciones de peces o de insectos. Y quizás es demasiado, tal vez bastarían también las leyes de la hidráulica.

Un hombre se hace hombre cuando construye dentro de sí mismo un nivel de reflexión que le permite volverse consciente del destino, es decir, de lo que en él es condicionamiento biológico y cultural para elevarse al ejercicio de su libertad y de su creatividad. Un país se hace patria cuando construye dentro de sí centros autónomos de autoconocimiento y autocomprensión que iluminen sus centros de acción para integrarse asumiéndose en plenitud, orientarse en el universo y dirigir deliberadamente su conducta; así, ésta será no la resultante mecánica de una combinatoria subhumana de fuerzas históricas, sino el producto de decisiones enraizadas en un ámbito de valores espirituales, es decir propiamente humanos.

La patria germinal habita en ese nivel del psiquismo colectivo donde anida la presencia innominada de Bolívar, más de su corazón que de sus actos pasados, pero no puede desarrollarse porque el ámbito de su despliegue –la actividad política, el manejo de los asuntos públicos– está ocupado por el culto oficial a Bolívar, un culto rigurosamente farisaico, que no guarda ninguna relación de continuidad con el nivel fundamental, no lo expresa, no lo prolonga, no es su manifestación auténtica, más bien lo oprime y lo pasma permitiéndole participar sólo en la medida en que puede corromperlo y desvirtuarlo mediante la siniestra pedagogía del abyecto juego.

En todas las esferas de nuestra vida pública puede observarse y señalarse esta discontinuidad, pero hay una que nos concierne a los aquí presentes de manera cordial y capital. En el mundo actual ¿cuáles son los centros de conocimientos, reflexión y autocomprensión que iluminan al estado y al pueblo? Sin duda aquéllos donde se cultivan las ciencias y las humanidades. Entre nosotros ¿qué institución se encarga de ese cultivo? La universidad primariamente, se supone. ¿Qué ha pasado con la universidad? Durante los últimos veinticinco años, para limitarnos a lo vivencial, dos circunstancias han influido sobre ella: el sostenido crecimiento de la matrícula estudiantil y el aumento gigantista de los recursos financieros. ¿Qué ha hecho ante esa situación? Adaptarse pasivamente a la mecanicidad del estado. Ha sido canal selectivo para el ascenso socioeconómico, sus símbolos habilitan para una mayor participación en el reparto. Ha sido efebofrura, su ámbito contiene, retiene y entretiene a jóvenes que en su gran mayoría no obtendrán patente porque la movilidad vertical no es ilimitada ni mucho menos. Ha sido sinecura para la ociosidad estéril. Ha sido retaguardia logística y centro de reclutamiento en aventuras políticas, paramilitares y hasta hamponiles. Ha sido campo de entrenamiento para los cachorros del sistema. Ha sido fuente de financiamiento para clientelas partidistas. La habitan sectas dogmáticas anti–intelectuales, roscas burocráticas, gremios insaciables, clubes políticos, asociaciones de compadres, cofradías de borrachos –su nombre es legión– la parasitan golosamente, en disputa, la empujan en todas direcciones y ella se agita como un pelele sin ritmo ni concierto. Nadie toma decisiones, las decisiones son la resultante mecánica de las fuerzas en juego a través de una inextinguible polisinodia laberíntica donde se diluye homeopáticamente toda responsabilidad.

¿Qué hay de los centros de conocimiento y reflexión? ¿Qué pasa con las ciencias y las humanidades? Se les rinde un culto verbal rigurosamente farisaico. Los pocos que se dedican a esas actividades exóticas, extravagantes y ridículas quedan ipso facto al margen de todo lo que cuenta como importante, expuestos a cualquier desmán en cualquier momento a menos que se acostumbren a hacer ejercicios de humillación ante pequeños déspotas engreídos, se hundan en la clandestinidad o libren una continua guerra defensiva que los desgasta y los amarga disminuyendo su capacidad creadora.

Increíble todo esto tal vez para un observador externo, o por lo menos exagerado. ¿Cómo puede una institución alejarse tanto de su esencia sin que la disonancia la destruya? Aquí es cuando entra a actuar la ideología en su función amortiguadora de la contradicción y encubridora de la fractura. El derecho al estudio. La universidad reflejo del país. La protección al indigente. La autonomía garantiza la libertad mental y el desarrollo de una actitud crítica. La revolución. Pero ya ni esos mecanismos de autojustificación hacen mucha falta porque la mayoría de los universitarios ha olvidado o nunca supo lo que es universidad.

Sin embargo, un hecho milagroso de observar en la vida universitaria nos cura de todo pesimismo radical: en medio de ese océano de circunstancias adversas hay una micronesia de humanistas y científicos que, exiliados en su propia casa de estudios, mantienen en lo individual las virtudes y las prácticas correspondientes a la esencia de la universidad.

En resumen, nuestra relación con Bolívar representa, simboliza y encarna la situación histórica de nuestro país en todas sus esferas, incluyendo la esfera universitaria. Por una parte un ámbito donde germinan tercamente las virtudes humanizantes y formadoras de patria. Allí late y sueña nuestro futuro vigor. Por otra parte, oprimiendo al anterior, un ámbito político, administrativo, burocrático, estatal, caracterizado por la inconciencia de su destino, es decir, por la inconciencia de su propia mecanicidad, ciego y sordo a las posibilidades de la libertad creadora. Allí se agita y patalea un reiterado fracaso incapaz de reconocerse como tal, demasiado envilecido moralmente como para avergonzarse y retirarse, pero suficientemente fuerte como para continuar su triste espectáculo. El primer ámbito es morada de Bolívar en el sentido del cuarto enunciado que hemos desentrañado de la frase puesta por Tucídides en boca de Pericles. El segundo ámbito es sede de un acontecer mecánico que no se reconoce a sí mismo porque se enmascara en pronunciamientos farisaicos cuya falsedad no alcanza a ver; esa es la morada de Bolívar en el sentido del tercer enunciado, pero tan carcomida y precaria en Venezuela que no puede albergar adecuadamente el recuerdo del héroe aunque lo alimente con incesantes estatuas, coronas, discursos, títulos, homenajes, ceremonias. Más bien ha hecho de él un alma en pena, que se presenta en las sesiones mediumnímicas de los cultos mágicos–religiosos del pueblo como un espíritu neurasténico, impaciente, desequilibrado, que tose lastimosamente y grita órdenes absurdas.

Pudiera pensarse que la variante venezolana de la tragedia, inherente según los griegos a la condición humana, está en esa ruptura, en esa discontinuidad, en esa separación entre la heterogénea nobleza del pueblo y la actuación de los poderes públicos.

Pero no se pensaría correctamente, porque lo característico de la tragedia no es solo su desgracia y su dolor, sino también y sobre todo su inevitabilidad. Y la situación de Venezuela en general y de su universidad en particular tiene remedio.

Recordemos los dos primeros enunciados: 1. Existen hombres excepcionales reconocibles porque su conducta comunica con profundos intereses de su pueblos y de la humanidad toda al par que interviene poderosamente en las circunstancias inmediatas.

El manejo de los asuntos públicos requiere de hombres excepcionales. Si no somos tales, adiestrémonos en el arte de reconocerlos para apoyarlos y seguirlos; si parecen o pretenden serlo sin serlo, que nuestro desprecio sea manifiesto, en escala nacional y en escala institucional.

2. No quedan enterrados en sus tumbas sino sembrados en toda la tierra.

Sepan nuestros dirigentes y su abigarrada progenie que el ocupar altas magistraturas no salva de la mediocridad ni de la muerte. No es un nombre en una lista de gobernantes ni un retrato en una galería de directores lo que puede dar sentido a una vida estéril e intrascendente. Más bien ponen de manifiesto su vacuidad. La tierra no puede hacer germinar lo que no es semilla. Un corazón vacío no puede hacer acto de presencia junto al corazón del pueblo. Es preferible el anonimato de los humildes que se convierten en humus alimenticio para las virtudes humanizantes donde se esconde y sueña el futuro vigor de la patria.

Se convino celebrar este acto para testimoniar "el recuerdo y respeto de los universitarios por el héroe nacional".

Recuerdo y respeto, he comprendido estas dos palabras etimológicamente. Recordar viene de cor, cordis, corazón; significa volver a traer algo o alguien al corazón, desplazar de nuevo el corazón hacia algo o alguien; una operación del afecto.

Respeto viene de respicio, respixi, respectus; significa mirar hacia atrás, hacia adentro; volver a mirar, considerar, referirse a, respectar; una operación del intelecto.

Esta ha sido mi manera de expresar recuerdo y respeto por el héroe nacional. He preferido un discurso testimonial a un discurso epidíctico. Lo he hecho con ira y lucidez, como lanzando una pedrada contra el enemigo más fuerte, último recurso para no cubrirme de deshonor y de vergüenza ante mis dioses. Si, además, he logrado expresar algún estrato del intrincado psiquismo universitario, no a mí corresponde juzgar, si no a la conciencia de mis pares, perturbada como la mía por Cleones y Alantopoles.

Termino repitiendo la frase de Tucídides, esta vez, empero, como responso a Bolívar en la lengua que dio origen y esencia a universidades y academias:

'Ανδρῶν γὰρ ἐπιφανῶν πᾶσα γῆ τάφος, καὶ οὐ στηλῶν μόνον ἐν τῇ οἰκείᾳ σημαίνει ἐπιγραφή, ἀλλὰ καὶ ἐν τῇ μὴ προσηκούσῃ ἄγραφος μνήμη παρ' ἑκάστῳ τῆς γνώμης μᾶλλον ἢ τοῦ ἔργου ἐνδιαιτᾶται.

1983

Máximas de Jonuel Brigue

"En la vida hay que sembrar un árbol = colaborar con la continuidad de la vida.

Tener un hijo = aquellas cosas sagradas que uno ha llegado a comprender debe comunicárselas a alguien, aunque sea a un solo discípulo, antes de la muerte del maestro.

Escribir un libro = cada día de vida es una hoja de un libro que se escribe con los actos".

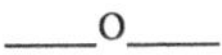

—Según los sufís, en los chistes hay una sabiduría, por eso los maestros sufís enseñan a través de chistes. Por ejemplo: un ciego pedía limosnas con un letrero que decía: "Una limosna para este pobre ciego que tiene 14 hijos". Una señora ve el letrero y le dice:

—¿Y cómo usted, siendo ciego, tiene 14 hijos? . A lo que el hombre le responde:

—Es que soy ciego y no veo lo que hago.

—Uno puede hacer actos ciegos que lo obliguen a pedir limosnas. Como hacerse una reputación y tener que mantenerla, por ejemplo.

___o___

—Ese centro supremo al que alude el Budha en su *Sermón del Fuego* está más allá de los sentidos, del cuerpo, de la mente, aún del alma. Homero le habló a su alma. David, el autor de los salmos, también le habló a su alma. Pero ese punto en uno mismo al que se alude en el *Sermón del Fuego* está más allá del alma, y es capaz de "mirar" todos los aspectos de uno mismo.

___o___

—La ciencia es un intento de ver el universo, el arte es un intento de recrearlo. Homero fue capaz de ver la Guerra de Troya completa, pero no así Héctor, ni Aquiles, ni Príamo.

___o___

—Los hombres que tienen oro en la cabeza y plata en el pecho, no buscan placeres, ni oro ni plata, sino el orden, la justicia y la sabiduría. Este indicio lo da Platón en la *República*.

___o___

—Hay que dejar las pequeñas magias (poderes, siddhis) y buscar a Dios.

———o———

—El que no entienda por qué la Virgen pisa con el pie
la cabeza de la serpiente, no puede entender el tantra (vía
húmeda).

———o———

—La Divinidad a cada instante recrea al mundo.

———o———

—Hay una profundidad en la tierra llamada Hades. Hay
una profundidad en el agua donde está Tetis. El Hades tiene
ciertas puertas, y Tetis también. Los niños están al borde,
juegan en las playas de todos los mundos. *El barco ebrio* de
Rimbaud habla de los niños. En los textos sagrados, cuando
se habla de "niños" quiere decir "iniciados" (Dejad que los
niños vengan a mí).

———o———

—Los vientos son fuerzas psíquicas que movilizan las emociones (el agua). El viento tiene que ver con el pensamiento.
Un viento cargado de agua, sería el pensamiento cargado de
emociones.

———o———

—Hay algo sagrado, muy importante, en nosotros, que
cuando se quiere buscar se escapa. Este es un tema de toda
la literatura universal.

___o___

–Pitágoras inventó en el S. VI A.C. la palabra *filósofo*: el que se pone en armonía con la música de la unidad de todas las cosas.

___o___

–Ítaca es el punto de llegada de una búsqueda interior. Es la plenitud total. Ulises tiene el anhelo de llegar a su patria perdida, pero no puede llegar sin la ayuda de los dioses.

___o___

–*Las suplicantes* de Esquilo es la mejor obra de teatro sobre la tierra.

___o___

–Las pieles de animales con que se recubren Adán y Eva cuando se descubren desnudos, después de comer la manzana, se refiere al cuerpo astral, necesario para las operaciones mágicas, para los viajes, etc.

___o___

–Gran parte de la magia tradicional, tiene que ver con el conocimiento de los nombres secretos de las cosas.

—————o—————

—Sagrado y secreto es lo mismo, algo que está separado. Santo es una investidura de un nivel no natural. Sagrado sería el lugar de lo santo.

—————o—————

—En Grecia el hombre hacía sólo la filosofía, la guerra y la política, mientras que la economía estaba en manos de la mujer; también la agricultura la ordenaba y decidía la mujer, así como dar órdenes a los criados.

—————o—————

—Teratología = estudio de las monstruosidades, como hijos mongólicos, ciegos, mujeres con seis senos, etc.

—————o—————

—Un hombre que por picardía se enmascare ante los demás es más sabio que uno que se enmascara ante sí mismo.

—————o—————

—Según la Astrología tradicional, hay personas sin protección psíquica, y hay otras con una gran caparazón. Algunas plantas se mueren cuando cierta persona entra a la casa. No es que la persona sea mala, sino que entre ella y la planta hay una relación, la persona tiene un cierto tipo de poder sobre la planta. Los brujos generalmente tienen plantas, pájaros, gatos, perros en su casa. Si no son videntes, se ayudan con estos animales y plantas para observar su reacción al entrar la persona, si se muere la planta, si aúlla el perro, etc.

——o——

—El deseo es un grado de desarrollo mayor, a partir de las necesidades. El sentido de la paideia es satisfacer los deseos. Lo primero que se le plantea al filósofo es ir disciplinando sus deseos. La muerte a los deseos particulares es la vida al deseo más alto. El amor a la sabiduría es el que permite que el alma se realice a sí misma. Este amor es el más alto deseo del filósofo. El deseo siempre comporta un sufrimiento, porque está insatisfecho. Aún el deseo de la verdad conlleva al sufrimiento. La obra más alta del deseo de verdad es la legislación. El deseo de la verdad es el que hace del tiempo la imagen móvil de la eternidad, Eros no pertenece al nivel de los deseos, es una fuerza distinta.

Contenido

www.ingramcontent.com/pod-product-compliance
Lightning Source LLC
Chambersburg PA
CBHW070515160726

48003CB00004B/1568